一心走路

步行在佛陀的淨土中

BUDDHA MIND, BUDDHA BODY

WALKING TOWARD ENLIGHTENMENT

一行禪師◎著
賴隆彥◎譯

目錄

前言

這本極令人欣慰與振奮的書，從一開始便令人印象深刻。就好像你正為電腦問題困擾，當你正準備要放棄時，你的大哥出現並說：「靠過去，交給我來試試。」即使問題尚未解決，但你已經放下心來。

那位大哥便是每個人心中的佛陀，我們最清明的智見。對我來說，帶著親切、寬大、堅定、自信、現代與經常是富於機智語調的一行禪師，似乎就像一位居間協調的大哥。這本書的每一頁，他都對我們直言：「瞧！就在你的心中，便有那導向慈悲的智慧。」

這是一本小書，但其中處處充滿詩意、傳統佛教的身影，以及西方宗教語彙，可以說是無所不包，並且以普世的語言呈現，完全符合它的一貫訊息：「圓融無礙。」（There is nothing at all separate from all that is.）「相即」（譯者按：interbeing是《華嚴經》法界緣起的概念）無處不在。讀此書必能使人深受啟發，而願意為他人，為一切眾生，以及為這個地球，再加倍努力，並了知這些努力也會為自身帶來快樂。

西薇雅・布爾斯坦
（Sylvia Boorstein）

譯註：西薇雅・布爾斯坦是西方知名的禪修老師

第一章

兩足，一心

◎一行禪師和大家一起行禪

《法華經》中，佛陀被稱為「兩足尊」，亦即以兩足行走的生物中最受人尊敬與喜愛者。佛陀之所以如此受人喜愛，是因為他知道如何好好享受步行。走路是一種重要的佛教禪修形式，可以成為很深奧的心靈修行。但當佛陀走路時，他毫不費力地行走，就只是享受走路，毋須費力。因為當你以正念行走時，便接觸到內心與周遭生活的一切奇蹟。這是最好的修行方式，具有不修行的表相。你不用做任何努力，不須勉強，就只是享受走路，但其中卻有著深刻的意涵。佛陀說：「我的修行，是不修行的修行，不成就的成就。」❀

❀此句出自最早從印度傳入中國與越南的經典——《四十二章經》，原文為：「佛言，吾何念念道，吾何行行道，吾何言言道。吾念諦道。不忽須臾也。」（大正17-723, a14-15）

對多數人而言，似乎很難做到不費力地修行和享受正念所帶來的放鬆樂趣，因為我們沒有用自己的雙腳走路。當然，我們身體的腳是在走路，但因為心在別處，所以我們並沒有用全部的身體與心識在走路，而認為身和心是分開的。當我們的身體朝一個方向走時，心卻拉著我們朝另一個方向去。

對於佛陀而言，心與身是一體的兩面。走路不過就是把一隻腳放到另一隻腳前面，就是這麼簡單，但我們卻總是覺得困難或乏味，即使只有幾個街道也寧可開車而不願意走路，只為了「節省時間」。當我們了解身與心的相互連結時，像佛陀一樣單純的走路活動，就能使人感到無比的輕鬆和快樂。

像佛陀一樣走路

你可以用令自己安住於當下的方式，邁開步伐接觸大地，這樣你將到達此時此地。你完全不需做任何努力。你的腳充滿覺知地接觸大地，而你則堅定地到達此時此地。剎那間，你是解脫的——從一切計畫、憂愁與期待中釋放。你完全地存在，完全地活著，你正在接觸大地。

當你獨自修習慢步行禪時，也許可以試試這麼做：吸氣並邁開一步，把注意力集中在你的腳底。如果你尚未百分之百完全到達此時此地，就別邁開下一步。你有盡情享受這麼做的權力。然後，當你確定已經百分之百到達此時此地時，就可微笑著邁開下一步。當你這麼走路時，你把自己平穩、堅定、解脫與喜悅蓋印在地面上。你的腳就像一個印章，像皇帝的玉璽一樣。當你把印章蓋在紙上時，印章會留下印記。檢視你的足跡，我們看見了什麼？我們看見解脫的印記，堅定的印記，快樂的印記，以及生命的印記。我確定你可以像那樣走路，因為在你裡面有一尊佛，被稱為佛性，即如實覺知的能力。當下的事實是：我活著，我正在走路。人，人類，「智人」（Homo sapiens），應該能這麼做。每個人內在都有一尊佛，我們應該讓佛來走路。

即使在最困難的情況下，你也應該像佛陀一樣走路。去年三月，我們去韓國訪問，一時之間被數百人團團圍住，每個人拿著一台相機對準我們，彼此靠得很近，我們根本寸步難行。這是很難做行禪的，於是我說：「親愛的佛陀，我放棄了。你來替我走。」佛陀立刻出現，他以完全自在的方式走路。然後群眾讓出空間給佛陀走路；毋須費力。

如果你發現自己遇到困難，請讓開，讓佛陀來接手。佛陀就在你裡面。這適用於一切情況，我自己便屢試不爽。就好像你在使用電腦時遇到問題，陷入困境，但你那精通電腦的大哥隨即出現，並說：「靠過去一點，我來接手。」他馬上坐下來，所有問題都迎刃而解。事情就像那樣，當你遇到困難時，請讓開，讓佛陀來接手。那很簡單。對我來說，這個做法總是有效。你必須對內在的佛陀有信心，讓佛陀來走路，也讓你所愛的人來走路。

當你走路時，你為誰而走？你可以為了到某個地方而走，但也可以用一種禪修的方式來走路。能為你的父母或祖父母走路很好，他們可能不知道有正念的行禪。你的祖先們可能一輩子都沒有機會平靜而快樂地走路，沒有機會讓自己完全活在當下。這很令人遺憾，但我們不需重蹈覆轍。

你能夠和母親一起走路。可憐的母親，她不太有機會像這樣走路。你可以說：「母親，你願意和我一起走嗎？」然後便與她同行，你的心將充滿愛。你在同一個時間釋放了自己，也釋放了她，因為你的母親其實就在你裡面，在你身體的每個細胞中。你的父親也完全存在於你身體的每個細胞裡。你可以說：「父親，你願意與我同行嗎？」然後頃刻間，你便和父親一起走路。那是一種喜悅，非常有益。我向你保證，這並不困難。你不需掙扎與勉強便能夠這麼做，只要保持覺知，一切都會進行得很順利。

在你能夠為所愛的人走路之後，就可以為造成你生命苦難的人而走。你可以為那些曾經攻擊你，摧毀你的家園、國家與同胞的人走路，這些人並不快樂，對於自己與他人沒有足夠的愛心，他們造成你生命的苦難，並且造成你的家人與同胞生命的苦難。有一天，你一定也能夠為他們而走。像那樣走路，你成為佛陀，成為充滿愛、智見與悲心的菩薩。

第二章

心如何 **運作**

◎眾人在梅村行禪

在我們可以為祖先或那些曾經傷害過我們的人走路之前，必須先為自己而走。要這麼做，我們必須先了解自己的心，以及我們的腳與頭的關係。越南禪師常照（Thuong Chieu）說：「當我們了解心如何運作時，修行就會變得很簡單。」換句話說，若我們可以用我們的識（consciousness）正念地走路時，腳自然會跟上。

四識如何運作

佛陀說識是不斷相續的，宛如流水一般。我們有四種識：意識、根識、藏識（阿賴耶識）與末那識。有時這四種識被視為八種，也就是將根識拆為五種（眼、耳、鼻、舌、身）。當我們正念地走路時，這四種識都在運作。

意識是第一種識，消耗了我們大部分的能量，是我們作判斷與計畫的「工作」識。當我們說意識時，也是說身識，因為沒有腦的運作，就不可能有意識。身與心只是一體的兩面，身若無識，就不是活生生的身；識若無身，則無法展現自己。

我們可以訓練自己去除腦與識之間的錯誤分別。我們不能說識生自於腦，因為反之亦然，腦並非生自於識。腦只占身體重量的百分之二，但卻消耗身體百分之二十的能量，因此使用意識非常昂貴。思考、憂慮與計畫得消耗許多能量。

我們可以藉由在正念的習慣中訓練意識，從而節省能量。正念使我們保持在當下，讓我們的意識放鬆，省下因擔心過去與預測未來而消耗的能量。

第二層識是根識，亦即來自五根的識：眼、耳、鼻、舌、身等五識。當我們走路時，也用到這種識。我們目視前方，嗅聞空氣，耳聽聲音，腳觸大地。我們有時候稱這五根為門，因為一切感知對象都透過感官的接觸而進入意識。根識總是包含三種元素：首先是五根（眼、耳、鼻、舌、身），其次是五境（我們正在見、聽、嗅、嚐、觸的對象），最後是我們正在見、聽、嗅、嚐、觸的體驗。

第三層識是藏識，是最深層的。這種識有許多種名稱。在大乘傳統中，被稱為「阿賴耶」，梵文為*alaya*。上座部傳統使用*bhavanga*（「有分」）來描述這種識。*bhavanga*的意思是不斷地流動，像河流一樣。藏識有時也稱為「根本識」（*mulavijñana*）或「一切種」（*sarvabijaka*）。在越南文中，我們稱藏識為*tang*，意指保存或儲藏。

這些不同名稱暗示了藏識的三個意義。第一個意義是關於處所，即寶藏的同「藏」，這裡保存了各種種子與訊息。芥菜種子很小，但若芥菜種子有機會發芽，破殼而出，則很小的種子就會變得很大，成為巨大的芥菜植物。《福音書》中鮮明地記載了芥菜種子有能力變成大樹，許多鳥兒可以來此棲息。❁ 芥菜種子好比是藏識的內容，我們看見或接觸的每件事，都有一顆種子潛藏在藏識中。

❁參見《馬修福音》（Matthew 13：31），《馬克福音》（Mark 4：31）與《路克福音》（Luke 13：19）。

第二個意義可由越南文的tang加以說明，因為藏識不只納入一切訊息，同時還保有並儲藏這些訊息。第三個意義則是bhavanga所指稱的，具有處理與轉化的意思。

藏識就像一個博物館。博物館只有在裡面有東西時才被稱為博物館；當裡面沒有東西時，就只能稱為建築物，而非博物館。管理員是負責保護博物館的人，保存儲藏在裡面的各種物品，防止被盜取。但前提是，裡面一定要有東西被儲藏或保存。藏識既指儲藏的動作，也指儲藏之物，包括一切過去的訊息、我們祖先的訊息，以及其他識所接收到的訊息。在佛教傳統中，這些訊息被像種子一樣儲藏起來。

假設今天早晨你初次聽到某種唱頌，你的耳根接觸到音樂，而產生名為「觸」的心所，並造成藏識波動。那個訊息，一顆新的種子，落入儲藏的相續中。藏識有能力接收種子，並且儲藏在心中。藏識保存其所接收到的一切訊息，但藏識的功能不只在於接收與保存這些種子，同時也具有處理這些訊息的任務。

這一層識的處理工作並不昂貴。藏識不需像意識一般耗費許多能量。藏識不需要你做太多的事，便可以處理這個訊息。因此，如果你想要節省自己的能量，就別想太多，別計畫太多，也別擔心太多，讓你的藏識來做大部分的處理工作。

藏識在沒有意識參與的情況下運作，可以做許多事，在你不知道的情況下做許多計畫與決定。當我們去百貨公司選購帽子或襯衫時，我們以為看到陳列品時，有自由意志與經濟預算自由地選擇自己想要的東西。如果店員問我們喜歡什麼，我們可以指出或說出想要的物品。我們也許以為自己此刻是個自由的人，正在使用意識去選擇所喜歡的東西。但那只是一個假象。一切都已經在藏識中決定了。那一刻我們是被俘虜而非自由的人。我們的美感，好惡的感覺，在藏識中便已經做了明確和謹慎的決定了。

認為我們是自由的，只是個假象，我們的意識所擁有的自由度其實很小。藏識支配我們所做的許多事，因為藏識不斷地接收、擁抱、維持與處理訊息，在沒有意識參與下做許多決定。但若我們懂得修行，便可以影響藏識：我們可以有效地影響藏識儲藏訊息與處理訊息的方式，如此一來，我們便可以做出更好的決定。我們可以影響藏識。

藏識就像意識與根識一樣，也會消耗能量。當你處於人群中時，雖然想做自己，但還是在吸收他們的生活方式，在吸收他們的藏識。我們的識受到其他識的影響。我們做決定的方式，我們的好惡，都取決於集體看事情的方式。起先你可能不認為某樣事物很美麗，但若許多人認為它美，你也會逐漸接受它是美的，因為個別的識是由集體的識所構成。

美元的價值是由人們的集體想法所構成，而不只是客觀的經濟因素。人們的恐懼、欲求與期望造成美元升值或貶值。我們都被集體看事情與思考的方式所影響，因此選擇與誰相處便顯得很重要。選擇與具有慈心、智見與悲心的人為伍非常重要，因為我們日以繼夜都受到集體識的影響。

藏識提供我們覺醒與轉化的機會，這可能包含在其第三個意義中，在藏識不斷流動的本質中。藏識就像一個花園，我們可以在那裡種下花、水果與蔬菜的種子，然後花、水果與蔬菜就會成長。意識只是一個園丁。園丁可以幫忙照顧土地，並且相信土地可以供給我們花、水果與蔬菜。身為修行人，我們不能單靠我們的意識，也必須依賴我們的藏識。決定便是在這裡作成。

假設你在電腦上鍵入一些東西，這些資料都被儲存在硬碟裡。那張硬碟就像我們的藏識，雖然資料並未出現在螢幕上，但資料就在那裡，你只需要按一下，資料就會顯現。藏識中的種子，就像你儲存在電腦裡的資料，隨時想要資料，只要動手操作，便會出現在意識的螢幕上。意識就像螢幕，藏識則像硬碟，裡面可以儲存很多東西。藏識具有儲藏、維持與保存資訊的能力，使它不至於被抹除。

然而，藏識裡的種子和硬碟裡的資料還是有所不同，具有有機的本質並且可以被修改。例如，瞋恨的種子可以被削弱，其能量可以被轉化為慈悲的能量；愛的種子則可以被灌溉與強化。被藏識保存與處理的資訊本質一直在流動與變化，愛可能轉變為恨，而恨也可能轉化為愛。

藏識也是個受害者，是執著的對象，是不自由的。藏識中有愚痴、瞋恚、恐懼等無明的元素，形成了執取或欲求的動力。這是第四層識，名為「末那」，可以被譯為「思」或「思量」（cogitation）。末那識深信有一個獨立存在的自我，深信有一個補特伽羅（pudgala，亦即人）。這個識，名為「我是」的感受與直覺，非常深植於藏識中。末那識並不是發自於意識的見解。相信有個自我獨存於非我元素之外的觀念，深植於藏識深處。末那識的功能是執取藏識為獨存的自我。

思維末那識的另一個方法，就是將它理解為阿陀那（*adana*）識。阿陀那的意思是「執」或「執持」。想像一株藤樹發芽，然後樹芽回頭擁抱樹幹，這個根深蒂固的妄執——相信有個自我——存在於藏識中，是無明與恐懼的結果，並且會造成一股回頭擁抱藏識的能量，成為自己所愛的唯一對象。

末那識一直在運作，放不下藏識，一直在擁抱、抓取或依附藏識，將藏識視為所愛的對象。有個假象，即藏識是「我」，是我的所愛，因此我不能放開它。有個祕密日以繼夜地存在著，深深執持這是我，這是我的，我必須竭盡所能地執取或保護，使它成為我的。末那識是出生並根植於藏識中，從藏識生起，又回頭擁抱藏識，視藏識為它的對象：「你是我的所愛，你就是我。」末那識的功能是執持藏識為自己。

四識如何互動

現在我們已經有四層識的名稱，就可以來看看它們如何互動。佛教有時稱藏識為識海，其他的識則被說為在海上起伏的波浪。有一陣風激起了其他的識，使它們顯現出來。

藏識是基礎或根本，從這個基礎，心顯現與運作。有時候，它停歇，並返回藏識。由此可知，藏識是花園，而意識則是園丁。末那識也源自於藏識，但之後卻回頭擁抱藏識，視為自己的財產以及所愛的對象。末那識日以繼夜地這麼做，因此被稱為「愛人」（譯者按：the lover，相當於「我愛」，是末那識的四根本惑之一，另三惑為「我痴」、「我見」、「我慢」）。

當你愛上某人時，你並非真的愛上他或她。你創造了一個相當偏離事實的印象。在與他相處一兩年後，你才發現自己對於他的印象是偏離事實的。雖然末那識源自於藏識，但它看藏識的方式卻充滿了妄想與錯誤的感知。它創造了一個藏識的印象，視為所愛的對象，而這個對象並非真正實際存在的事物。當我們用相機去拍某人的相片時，照片只是一個影像，而非那個人。「愛人」認為它愛藏識，事實上卻只愛自己所創造的印象。識的對象可以是事物本身，或者是你主觀虛構的表象。

因此，我們有園丁——意識，也有愛人——末那識，但意識可能中斷。例如，當我們睡眠無夢時，意識並沒有在運作。當我們陷入昏迷時，意識完全停止作用。此外，處於深定中時，意識完全停止運作，沒有思考，沒有計畫，什麼也沒有，但藏識卻仍然持續運作著。深入的行禪也可能如此。你的身體在移動，而藏識仍持續在工作，只是你不知道而已。

意識也可能脫離根識而獨立運作，或者可能協同運作。假設你受邀參觀一個展覽，站在一幅畫前面，眼識在運作。第一時間，眼識可能在看畫作，沒有思考，也沒有判斷。但全然投入地觀看對象只維持了一剎那，很快地，經驗就會浮現，意識帶著各種評價、判斷與思維出現。那是兩種識之間的合作：意識與眼識。當意識與根識一起作用時，被稱為聯合的識。若你全心投入深入的觀照，看不見，聽不到，也不再有身觸，在那個深入的觀照境界中，只剩下意識在單獨運作。禪修時，你通常使用獨立的意識。我們闔上眼睛，關閉耳朵，不想被色、聲等外境干擾。禪定是由意識單獨執行。

有時候，根識會和藏識聯合運作，而不透過意識。這很有趣，但發生的頻率非常非常高。當你開車時，即使意識在想別的事，也能夠避開許多意外事故，甚至可能完全沒有想到開車這件事。即便如此，至少在大多數的時候，你並未發生車禍。當你走路時，很少跌倒（或至少只在偶然的情況下！），這是因為由眼識提供的印象與畫面被藏識接收，並且在完全不經過意識的情況下便作成決定了。當某人突然拿東西靠近你的眼睛，例如，某人想要打你或有東西快碰到你時，你會快速地反應。那個快速反應，那個決定，並非意識所作。若你必須快速出招，那並非你的意識所作。我們不會心想：「喔，有塊岩石，我必須跨過去。」我們不假思索便做了。那個自衛的本能便來自於藏識。

我曾做過一個夢，可以用來闡述這一點。在往昔的亞洲，我們必須從稻子製作出所要吃的米：我們必須先將稻子去殼，然後才能煮來吃。在寺廟，我們有個篩米的工具。篩米的動作有種非常特殊與規律的聲音。有一天，我正在打盹，時間約在下午一點半，在亞洲，這個時間是最熱的時候，所以你最好小睡一會兒，然後再繼續工作。當我在打盹時，聽到篩米的聲音，但事實上那是我的一個學生在磨墨。為了取得寫毛筆字所需的墨水，你得將水放在硯台中，然後用墨條磨墨。那個聲音恰巧從我的耳識直接進入到藏識中，然後再傳到意識。這正是我在夢中看見有人在篩米的原因，但事實上那並不是篩米，而是磨墨。因此，印象以兩個方式出現：經由意識的方式，或經由藏識的方式。每件通過前五根識的事物都可能被藏識保存、分析與處理，不必然總是經過意識，而可以從前五識直接進入藏識。

夜晚寒冷的房間中，即使你沒有在做夢，意識也不起作用，但在根識層上，寒冷的感覺還是穿透到身體，造成藏識層的顫動，於是你的身體便將毯子抓過來蓋。

無論我們在開車、操作機器或執行其他任務，許多人都讓根識與藏識合作，讓我們能在沒有意識介入的情況下做許多事情。當我們把意識帶入這件工作時，突然間我們才覺知正在生起的「心行」（譯者按：mental formations，即「心所」。與心相應而起的各種心理作用）。

「行」（譯者按：formation，梵文*samskara*，即「形成」或「有為」的意思），是指因緣和合時所顯現的事物。當我們看著一朵花時，會知道，由於許多因素湊在一起，這朵花才會以那個形式顯現。我們了解，若沒有雨就沒有水，花也就不可能顯現。我們了解，陽光也在那裡。土地、堆肥、園丁、時間、空間與許多因素湊在一起，才使得這朵花顯現。花沒有一個獨立存在的實體，只是因緣和合而成的「行」而已。太陽、月亮、山巒與河流都是「行」。使用「行」這個字提醒了我們，其中並無獨立存在的實體，只因為有許許多多的因緣和合，才讓事物得以顯現。

身為佛教行者，我們可以訓練自己將一切事物都視為「行」。我們知道諸「行」隨時在變化，無常是實相的標記之一，因為一切事物皆會改變。

心行

存在於識中的「行」，稱為「心行」。當根、境接觸時，根識生起，那一刻，你的眼睛初次看見境，或者皮膚初次感受到風，第一個心行——「觸」顯現了。「觸」

造成藏識層的顫動。

若印象微弱，則顫動停止，藏識流恢復平靜，你繼續睡覺，或者繼續活動，因為那個觸所造成的印象並沒有強烈到足以牽動意識的注意。就好像一隻昆蟲降落在水面上，造成的少許漣漪一樣，昆蟲飛走後，水面再度恢復平靜。因此雖然心行顯現，生命的相續之流顫動，但因為印象太微弱了，所以意識並未產生任何覺知。

有時在佛教心理學中，人們說有四十九種或五十種心行。在我的傳統中，我們說五十一種。五十一種心行也稱為「心所」（mental concomitant），意即它們是識的內容，好比水滴是河流的內容一樣。例如，憤怒是一種心行。意識可以如此操作，即憤怒可以顯現在意識中，那一刻，意識充滿憤怒，我們可能覺得自己的意識就只是憤怒，但事實上，意識不只是憤怒，因為之後悲憫生起，那一刻，意識則變成悲憫。五十一種心行全都是意識，分別在不同的時候顯現，可能是正面、負面或中性的。

沒有心行，就不可能有識，就好像我們討論鳥的「隊形」（formation，即「行」的雙關語）。隊形將鳥兒們集合在一起，讓牠們在空中美麗地飛翔。並不需要有人抓著鳥兒，逼使牠在隊形中飛翔。我們不需要有個自我來創造「行」。鳥兒們自然會這麼做。在蜂窩中，不需要有人下命令要這隻蜜蜂往左或那隻蜜蜂往右；牠們自然會彼此溝通，因而形成一個蜂窩。所有的蜜蜂，每一隻可能有不同的責任，但沒有一隻蜂會自稱是所有蜂的老闆，連蜂后也不會這麼做。蜂后不是老闆，牠的作用只是產卵。好的團體或好的「僧伽」（即和合眾），就像蜂窩一樣，各部分合組成整體，沒有領袖，沒有老闆。

當我們說正在下雨時，意即雨正在發生。並不需要有人在天上操作雨，使雨落下，所以才有雨。事實上，當你說雨正落下時，很好笑，因為若雨不落下，也就不會有雨了。在英文的說話方式中，我們習慣有主詞與動詞，因此才需要it，成為it rains。it是主詞，使雨成為可能者。但若深入觀察，我們並不需要一個「下雨者」，而只需要雨。「下雨」與「雨」是一樣的。鳥的隊形與鳥是一樣的——並沒有「自我」，沒有老闆介入其中。

有個名為「尋」（*vitarka*，即最初的思想）的心行。當我們在英文中使用「想」（to think，或譯為「思」）這個動詞時，需要一個動詞的主詞：我想，你想，他想。但實際上，想的發生並不需要一個主詞。有想的發生，而無想的人，這是絕對可能的。感知即感知某事，感知者與被感知的對象是同一個。

當笛卡兒說「我思，故我在」時，他的重點是：若我思考，則必定有個使思想成為可能的「我」。當他宣稱「我思」時，他相信自己可以證明「我」存在。我們有根深蒂固的習慣，相信有個自我。但若深入地觀察，便會了解，思想的發生並不需要一個思想者。思想的背後並沒有任何思想者——只有思想，那就夠了。

現在，若笛卡兒先生在這裡，我會問他：「笛卡兒先生，你說『你思，故你在』。但你是什麼？你就是你的思想。思想便已足夠了。思想顯現的背後並不需要一個自我。」

有思想，而無思想者；有感受，而無感受者。什麼是沒有「自我」的憤怒呢？這是我們禪修的對象。所有五十一個心行的發生與顯現，背後都沒有一個自我，並沒有自我在安排這個心行要出現，然後那個要出現。我們的意識習慣上是建立在「我見」或「末那識」的基礎上，但我們可以透過禪修的訓練而更覺知我們的藏識，它保留了那些目前尚未顯現在心中的心行種子。

禪修時，我們練習深入地觀察，以便能清晰而明確地看見事物存在的方式。一旦獲得無我的洞見，無明便被去除，這就是我們所稱的轉化。在佛教傳統中，轉化在深入智見的情況下是可能發生的。獲得無我洞見的那一刻，末那識或「我是」的虛妄概念便瓦解了，此時，我們發現自己正享受著解脫與快樂。

第三章

找到 你的心

◎梅村的春日景致

當我們為某事感到緊張或非常忙碌時，常會說我們「失去我們的心」。但失去之前，心在哪裡？之後又去了哪裡呢？流行於越南與中國的《大佛頂首楞嚴經》中，佛陀與弟子阿難討論如何「徵心」。心究竟在身內，在身外，或在身體與外在世界之間？最後，經上說，心是無在、無不在。換言之，你不能說，心在身內，在身外，或在中間。心並沒有一個固定的所在。

不只心是無在、無不在，一切事物皆是如此。今天早晨我從地上撿起一片柔嫩的綠葉。這片樹葉是在我的心內或心外呢？這真是個大題目！這是個非常簡單的問題，但卻很難回答。外在與內在的概念無法運用在實相上。

我們都傾向於認為心「在裡面這裡」，而世界「在外面那裡」，將心視為主體，而將世界與身體視為客體。佛陀教導我們，心與心的對象並非獨立存在，而是相即的——若無此，則無彼。通常當我們想到心時，只是想到意識。但心不只是意識，同時也是末那識與藏識。

我們可以訓練自己將身體視為一條河流，將心視為河流的一部分，一直在流動，一直在變化。根據佛教心理學的說法，我們無法清楚洞見實相的最大障礙是，我們很容易陷入主客互異與互斥的概念中。這種看待事物的方式已經成為一種習慣，變成影響我們的思考與行為的模式。

當我還是年輕的沙彌時，學習到識有三個部分。第一與第二部分是：「能見」（*darshana*）與「相」（*nimita*，即「所見」），亦即主體與客體。主客相互依持才能顯現。若你認為主體可以沒有客體而獨立存在，便是最大的錯誤。我們皆傾向於認為，認知的主體，也就是我們的心，可以個別獨立存在於認知的對象或經驗的對象之外；並且相信，認知的對象，在那外面的，是獨立存在於認知主體之外的事物。

佛教中有「名色」（*namarupa*）❁這個術語。「名色」即相當於「心身」（psychosoma）。實相以心與身、或心理與生理的雙重面向顯現，兩者缺一不可。腦與心是一體的兩面，因此我們必須訓練自己將腦視為識，而非將識視為完全個別獨立存在於腦之外的事物。

當你點燃火焰時，可能認為火焰是完全有別於火柴的事物。但你知道，火焰是內蘊的，隱藏在火柴頭的燃料中，隱藏在空氣裡的氧之中；火焰並沒有一個真實的所在。當因緣和合時，火焰就會顯現。識的本質也是如此，無在、無不在。我們知道識總是關於某件事的識，主體與客體總是在一起的，當你看見這個部分，便看見了另一個部分；當你看見另一個部分，便看見了這個部分。這便是相即的本質，此蘊含在彼之內。

❁*nama*（名）在梵文中指「心」，而*rupa*（色）則指「身」。

雙重顯現

顯現總是雙重的：主與客，或能與所——能知與所知。因此「顯現」，*vijñapti*（譯者按：即「唯識」，乃「唯識所現」之意，現代也有人譯為「唯表」），是雙重的。任何顯現都是雙重的，都有它的能與所。在中文裡，識的性格有兩個部分，一是指能知，一是指所知。但若更深入地觀察，我們會看見第三個部分，即作為前兩個部分的基礎。檢視硬幣，你會看見正反兩面，正面是一部分，反面是一部分，兩者是分不開的。認知硬幣有兩面是顯而易見的，但若你深入觀察，會看見有個東西使兩面的顯現成為可能，即金屬，即梵文中的*svabhava*（「自性」）。我們的識裡的每一個種子：喜悅的種子、悲傷的種子、恐懼的種子、憤怒的種子、正念的種子、禪定的種子，每個種子裡面永遠都有這三個部分。

當我看一座山時，可能認為那是能獨立存在於識之外的物體，而這是根本的錯誤。當你將雲看成客觀的事物，看成存在於外的實體，與你的識毫不相干時，那是根本的錯誤。雲與山都只是你眼識的對象，而你的識，由能知與所知所組成，乃建立在一個基礎上，有了它，識才可能顯現。這個基礎即是第三個部分：自性。

波浪與海水

佛教裡經常使用的一個例子，是關於波浪與海水。波浪從海洋湧起，當你觀察波浪的現象時，看見有個開始以及有個結束。你看見漲潮與退潮，看見波浪出現與不出現。波浪生起前，似乎並不存在；波浪消退後，我們也不見波浪的存在。我們區分一個波浪與另一個波浪：一個波浪可能比其他波浪更美、更高或更低。因此在考慮現象世界時，我們有各種概念：生、滅，高、低，美、醜，這便造成了許多痛苦。但同時我們知道，波浪也是海水。波浪的一生可以同時既是波浪也是海水。身為波浪，它屬於現象世界：有開始與結束，漲潮與退潮，它將自己與其他波浪區分開來。但若它有機會坐下來，深入地探究自己的本質，那麼將會了解，它是海水——它不只是波浪，也是海水。當它覺悟到自己是海水時，一切痛苦皆消失了。它不再害怕漲潮與退潮，不再擔心存在或不存在。海水代表本體世界，不生不滅與不來不去的世界。

若你再深入一點，將看見我們一起做的事，一起說的話，一起想的想法，都將在現在與之後影響我們與世界。在佛法中，沒有任何事物是絕對個別的，沒有任何事物是絕對集體的。這些概念都是相對的。

你可能認為自己的身體是 個人的資產，但其實你的身體也屬於世界。假設你是個司機，你的安全必須依賴你的視神經。你認為你的視神經是絕對個人的事物，屬於你，而你從它們而受益，因此必須為它們負責。但若你是個公車駕駛，所有坐在公車上的人都非常依賴你的視神經，我們的生命都依賴著你。因此，說：「這是我自己的生命！」實在有點天真。我們都在你裡面，而你也在我們裡面；我們是相即的。

看見一朵花，我們認出這是一朵白玫瑰，我們很確定，這是一個客觀實體，獨立存在於我們的識之外——無論我們是否想到這朵花，花都在那裡。花屬於外在的客觀事實。我們都習慣這麼想。但我們從科學得知，我們所感知的顏色，其實是一種特殊光波的震動；若波長太短或太長，我們就感知不到。當頻率適合我們的感覺器官時，我們就認為這些事物存在；當我們感知不到頻率時，就認為事物不存在。我可能問另一個人：「你看見我所見到的事物嗎？你聽到我所聽到的聲音嗎？」那個人說：「是的，我確實看見你所看見的事物，確實聽到你所聽到的聲音。」於是你得到這個印象，由於我們兩人都同意，則事實必然是如此，意即這是客觀與外在的事物。

但我們卻忘了一個事實：人類的構造是相似的，我們的感覺器官是相似的。我們都同意這是一張「桌子」，同意桌子是讓我們能在上面寫字的支持物。因為我們是人類，都習慣視此為桌子，視此為工具。但若我們出生為白蟻，那麼看桌子的方式就會不同：我們可能將桌子視為多汁、美味與營養的食物來源。白蟻生來便認為桌子是食物；我們則生來便認為桌子是提供寫字與閱讀的支持物。因此，我們所認為的外在事實，很可能只是心理的建構而已。因為我們的感覺器官被如此生成，便以特定的方式接受所謂的客觀世界，並且相信那是客觀的事實。我們知道，玫瑰是一群被稱為人類的生物的集體心理建構，那是存在領域裡的共同參與。蜜蜂有蜜蜂的存在領域，鳥兒有鳥兒的存在領域，人類有人類的存在領域，而那個存在領域是集體的顯現，是牠們的業，或牠們的識，是牠們藏識的集體概念。

在佛法中，因為心是無在、無不在的，因此心不可能死，而只可能轉化。你持續處於環境中。藏識，你的思想、話語與行為，帶來業果，這是由你自己與你的環境所構成。你與你的環境是一體的，共同創造了你的業。只要我們照顧自己的身、口、意業，便可能會因而得到美好的未來。你有從內改變自己的力量，也有藉由改變環境而改變自己的力量。照顧你自己，意即照顧你的身體以及照顧你的環境。基因決定一切事物的說法並不正確。經由製造你的身、語、意業，你創造了你的環境。你永遠有機會以灌溉內心正面種子的方式，調整自己與調整你的環境，那正是快樂的祕訣。

當然，我們的環境並不只是由周遭看得見的事物所構成。有些事物是我們看不見也聽不到的，因此習慣性地稱它們為不存在。舉例來說，我們看禪堂裡的空間。我們周遭的空間充滿看不見也聽不到的電視、收音機與行動電話的信號，因此需要機器，如電話或電視來轉譯才能使用。通常我們所稱的「空」，其實是很豐富的，我們需要意識將這一切事物轉譯成各種聲音與顏色，因此我不太確定手上拿的這片葉子是在我心裡或心外。我們必須謙虛與開放，才能讓實相穿透。佛教的祕訣是去除一切觀念，一切概念，以便讓實相有機會穿透並揭露自己。

我們混亂的心

佛陀說過一個有趣的故事，是關於一個與幼子同住的商人。由於小男孩的母親已經過世，因此小男孩對商人來說非常珍貴。他珍愛這個小男孩，覺得沒有他就會活不下去。這我們都能了解。有一天，商人到外地去做生意。強盜來了，他們燒毀村莊並綁架孩童。他們綁走這名小男孩，當這個父親返家時，簡直傷心欲絕，他四處尋找自己的孩子，但卻遍尋不著。在極度憂心與絕望的狀況下，他看見一具被燒焦的小孩屍體，他認為那就是自己的小孩，因而相信小孩已經死了。他絕望地搥胸頓足，拉扯頭髮，為自己將小孩獨自留在家裡而自責不已。商人哭了一天一夜之後，他起身抱起孩子的遺體，舉行了焚化的儀式。因為他實在太愛這個孩子了，便將骨灰包在一個美麗的天鵝絨布袋裡，帶在身邊須臾不離。當你非常珍愛某個東西或某個人時，會希望一天二十四小時都和那個東西或那個人在一起，這點我們可以理解。現在他相信孩子已經死了，而這些是他僅存的骨灰，因此希望將這些珍愛的遺物帶在身邊，無論睡覺、吃飯或工作，始終隨身帶著那個小袋子。

一天深夜約兩點鐘，這個小男孩設法脫逃出來，好不容易終於回到家裡，他敲了敲父親的門。你不難想像這名可憐的父親正躺在床上，輾轉難眠，並對著那包骨灰哭泣。

「是誰在敲門？」他大聲說。

「是我，爹，你的兒子。」

這個年輕的父親認為一定是有人在惡作劇，因為他相信自己的小孩已經死了。他說：「走開，調皮的小孩，別在晚上這個時候來搗亂。我的孩子已經死了。」小男孩繼續央求，但父親還是拒絕承認那是自己的孩子在敲門，最後小男孩只得黯然離開，而這名父親也永遠失去了他。

我們當然知道這名年輕的父親並不明智。他應該可以認出自己孩子的聲音才對，但因為他執著於自己的信念，他的心被悲傷、絕望與自責遮蔽了，認不出那是自己的小孩在敲門，所以他才會拒絕開門，因而永遠失去自己的孩子。

有時我們視某事為實相，而且是絕對的實相，我們加以執著，無論如何都不肯放手。那正是我們被困住的原因。即使實相親自來敲我們的門，我們還是拒絕開門。執著己見，是快樂最大的阻礙之一。

假設你正在爬梯子，如果你爬到第四階，並認為這已經是最高的，那麼你永遠沒有機會爬到第五階，那真正更高的階梯。唯一可能爬到更高階的方法，是拋開第四階。

有一天，佛陀從樹林裡回來，手上捧著一撮落葉。他看著比丘們，笑著說：「親愛的朋友們，你們認為我手上的樹葉和森林裡的樹葉相比，何者比較多？」比丘們當然回答：「親愛的老師，你手上拿的只有十幾片樹葉，而森林裡的樹葉則有千百萬片。」佛陀接著說：「沒錯，朋友們，我有許多想法，但沒說給你們聽，因為你們需要的是為了自身的轉化與治癒而努力，如果我告訴你們太多觀念，你們反而會被困住，而沒有機會得到自己的智慧。」

覺知的三個特性

那麼，我們如何在沒有這些預設觀念的前提下去感知世界呢？我們如何以真實的覺知去看世界呢？有三個特性可以用來描述我們如何以不同程度的覺知去感知世界，分別是「遍計所執」、「依他起」與「圓成實」。第一個特性「遍計所執」，是我們的集體心理建構。我們的習性是相信有個堅實而客觀的世界，並且視事物為彼此存在於對方之外──你在我之外，我在你之外。陽光在樹葉之外，而樹葉不是雲。我們總是看待事物都在彼此之外，但我們所接觸、看見與聽到的只是集體的心理建構。大多數人所認為的世間特性，只是「遍計所執性」。你身旁的人說她和你一樣看見並聽到同樣的東西，並不是因為這是看世界唯一且客觀的方式，而是因為她的生成和你很像，所感知的東西也很像。

我們知道，我們並不只是用眼睛看。我們的眼睛只接受會被轉譯為電信號語言的影像，聽到的聲音也會被接受與轉譯為電信號。色、聲、香、味、觸都被轉譯為心所能接受與處理的電信號。

佛陀在《金剛經》裡說：「一切有為法，如夢、幻、泡、影，如露亦如電……」❁我們所認知的「人」或「法」，都只是心理的建構，儘管千變萬化，卻都是唯識所變現。了解了我們所居住的世界是「遍計所執」之後，接著我們將深入檢視心理建構的世界，碰觸第二種感知——「依他起」。

「依他起」，顧名思義，即「依賴他方，或依靠他方，才能現起（顯現）」。你無法單靠自己而存在，必須和其他一切事物相即相入。看著樹葉，你可以看見雲與

❁所有的現象都是「法」（dharma）。

陽光；一即包含一切。若我們將這些元素從樹葉去除，那麼樹葉也不復存在。

花永遠無法只是它自己，必須依賴許多非花元素才能顯現。若我們看一朵花只看到一個獨存的實體，就是還在「遍計所執」的領域中。當我們看一個人，例如看著父親、母親、姊妹與伴侶時，若視他們為獨存的「自我」，則我們還是在「遍計所執」的領域中。

要發現人與事物的空性，你需要「念」與「定」的能量。你充滿正念地生活，無論接觸任何事物，都深入地觀察，不再被事物的表象所愚弄。看兒子，你看見父親、母親與祖先，你看見了兒子並非獨存的個體。你視自己為「相續」，亦即從相依與相即的角度看一切事物。一切事物都奠基於其他一切事物才能顯現。當你持續練習時，「一」與「多」的概念將會消失。

核子科學家大衛．波姆（David Bohm）說過，電子並非自存的個體，而是由其他所有的電子所構成，這是「依他起性」或「相即」的特性。沒有個別獨存的實體，唯有相互依賴才可能顯現。就像右與左一樣。右並不是可以單靠自己而存在的獨存實體，沒有左，就不可能有右。一切事物皆是如此。

有一天，佛陀告訴鍾愛的弟子阿難：「見『相即』（法界緣起）者，彼即見佛。」若我們碰觸到相互依存（緣起）的特性，便碰觸到佛陀。這是修行的過程。一天當中，無論是走路、吃飯或盥洗，你都可以訓練自己如實地看事物。最後當完成修行時，「圓成實性」將完全展現，你不再碰觸虛妄的世界，而是碰觸到法爾如是的世界。

首先，我們覺知到：所生存的世界是由我們，我們的心，集體建構而成的。其次，覺知到：若深入觀察，若我們知道如何使用念與定，就可以開始碰觸到「相即」的特性。最後，當覺知進行得夠深入時，我們捨棄想法、概念與觀念，甚至捨棄「相即」與「無我」的觀念，絕對實相的真實本質便可以顯露出來。

修行人不使用複雜的研究工具，而使用內在的智慧或光明。一旦我們去除對於概念與觀念的執著，淨除恐懼與憤怒，便有一個非常明亮的工具，可以用來體驗法爾如是的實相，解脫一切生滅、有無、來去，與一異等概念的實相。念、定與慧的修行能夠淨化我們的心，使心成為強大的工具，讓我們可以用來深入觀察實相的本質。

佛教裡常出現成對的相反詞，例如生與滅，來與去，有與無，一與異。假設你有一根點亮的蠟燭，你將火焰吹熄，然後再次點亮蠟燭，你問火焰這個問題：「我親愛的小火焰，你和之前顯現的火焰相同，或者你是完全不同的火焰呢？」它會說：「我是既非相同也非不同的火焰。」在佛陀的教法中，這名為「中道」。中道極為重要，因為中道不著兩邊，是非有非無、不生不滅、不來不去與不一不異的。科學的發現已經印證了這種洞見。

當你打開家庭相簿，看見小時候的相片時，你看見自己和相簿裡的小孩相當不同。若火焰問你：「親愛的朋友，你和相簿裡的小男孩相同嗎？」你的回答將和火焰完全相同：「親愛的火焰，我和那個小男孩既非相同，但也非完全不同的人。」

以心觀心

看見實相是一回事，把實相運用到實際行動中則是另一回事。愛因斯坦寫到：「人是這整個我們所稱『宇宙』的一部分，受到時間與空間限制的一部分。覺得自己或自己的思想與感受有別於其他事物者，其實是一種視覺的假象。這個假象對我們來說是一種囚禁，把我們限制在個人的慾望，以及限制在我們最親近者的小圈圈裡。我們必須期勉自己擴大慈悲的範圍，去擁抱一切生命與大自然之美，藉此把自己從這個囚禁中釋放出來。」

心不只是腦。當你有個進入房屋的門時，你需要一把可以開門的鑰匙。鑰匙與門對你進入房屋來說很重要。意識的顯現需要腦，但這並不表示是腦產生意識，就像門並不會產生房屋一樣。腦並非識顯現的唯一基礎。

在禪修營中，我們創造了一個環境，人們可以在那裡禪修：行禪、坐禪、呼吸。做這些修行，使他們能達到心的另一個向度。當我們太忙而說失去自己的心時，則在正念中，我們可以重新把心找回來。

許多人都很熟悉中國禪宗六祖慧能的故事。慧能住在五祖弘忍的東禪院，有一天，五祖請他的僧眾各自以詩偈呈現己見。他的首座弟子神秀來自中國東北方，是個博學多聞的讀書人，呈上了這首詩偈：

身是菩提樹，
心是明鏡台；
時時勤拂拭，
勿使惹塵埃。

這首詩就修行而言很好。我們的心很容易被渴愛、憤怒、恐懼與悲傷遮蔽。我們的心與我們科學家朋友們的心，在本質上都一樣，而修行人知道如何照顧自己的心不被層層汙垢給覆蓋了。

慧能來自中國南方的農家，北上向五祖求法。由於他不識字，因此必須請師兄代他書寫明心見性的詩偈。這首詩為：

菩提本無樹，
明鏡亦非台；
本來無一物，
何處惹塵埃。

觀察心時，你使用心。你藉以觀察的是哪一種心呢？若你的心陷入憤怒、迷惑與分別中，則心是不清明的，不足以擔當觀察的工作，即使你擁有昂貴的科學設備也是一樣。禪修的目的，是幫助我們擁有一顆能觀察的清明之心，幫助我們解開心中的結。每個人都有想法與觀念，當我們執著於這些時，是不自由的，以致沒有機會接觸到生命中的實相。第一個障礙即是我們對於實相的概念、知識與觀念。第二個障礙是煩惱，諸如恐懼、憤怒、分別、絕望與傲慢等。行禪、坐禪、呼吸與聆聽開示，都是幫助我們磨利心這個工具的方法，好讓心能更加看清自己。

當你聆聽開示或閱讀經書時，目的並不是為了獲得想法與觀念。事實上，是為了拋開想法與觀念。你不是以新的想法與觀念去取代舊的。開示或經書應該像能滋潤你內在智慧與解脫種子的雨一樣，因此我們才必須學習聆聽的方法。我們聆聽或閱讀不是為了獲得更多的想法與概念，而是為了去除一切的想法與概念。重點不是要記得哪些話，而是要記得你是自由的。

我們過去在學校都習慣於努力用功記憶事物，以便獲得許多的字詞、想法與概念，我們認為這個包袱有益於生命。但就修行而言，那是個負擔。因此，你沒有知識、想法與概念的負擔，沒有苦惱、憤怒與絕望的負擔，這正是行禪、坐禪、微笑與停止非常重要的原因。佛陀在接近生命尾聲時，說：「在我四十五年的說法生涯中，我其實什麼也沒說。」

當我們吃早餐時，吃早餐成為一種修行。觀察一塊麵包，即使只是一秒或半秒，你都可以看到陽光，看見麵包裡的雲。沒有任何麵包是沒有陽光，沒有雨，沒有土地的。在這塊麵包中，你看見宇宙的一切事物皆現前，滋養你，那是深入的覺知和正念。所以，你可以深入地享受這塊麵包，這並不需要花很長的時間，只要幾毫秒便足以讓你看出這塊麵包是整個宇宙的代表。當你把麵包放進口中時，就只是放入麵包，而非計畫或憤怒——咀嚼計畫或憤怒有害健康，只要咀嚼麵包並享受咀嚼就好。只有正念能讓你如此深入地生活，碰觸到生命的奇蹟，因此，每一刻都可能是治癒、轉化與滋養的時刻。

只管好好享受坐著！

我們可以在意識的幫助下，重新學習如何坐著。南非前總統曼德拉在訪問法國時，被新聞媒體問到：「你最想做什麼事？」他說：「只要坐下來，什麼事也不做。因為自從我出獄以來，一直都很忙，忙到沒時間坐下來——就只是好好享受坐著！」

因為「習氣」的緣故，要坐下來，什麼也不做，似乎不太容易。在上面的例子中，奔波的習慣已經變得很強：我們總是覺得應該做些事情，而這已經變成一種習慣。所以在意識的介入下，藉由智慧的幫助，我們才能開始真正地過生活，好好享受坐著，什麼事也不做。只管好好享受坐著！讓你的身體平靜、穩定與自由。

平靜地坐著是一種藝術。當你平靜地坐著時，就好像坐在一朵蓮花上；當你不是平靜地坐著時，則像是坐在熾熱的煤炭堆上。因此，學習像佛陀一樣坐著。有些人已經可以像那樣坐著。只管好好享受坐著，什麼事也不做，需要一點訓練，並且讓我們學習如何走路——學習怎麼走才能好好享受每一步，讓我們的計畫與恐懼不再變成障礙。

當我們吃早餐時，那是一個坐著、吃飯、好好享受每一口食物的機會。當我們清洗碗盤時，也可以是解脫的，從我們的計畫與憂慮中解脫，只管好好享受清洗碗盤。當你刷牙時，好好享受刷牙。當你穿衣服時，好好享受穿衣。你總是很自在，可以好好享受日常生活的每一刻。

第四章

識流

◎一行禪師教大家聽鈴聲

哲學家大衛．休姆說：「識是不同感知的光束或集合，這些感知以不可思議的速度彼此接續。」心行（或心所）像河流一樣顯現與彼此接續。當你觀看河流時，認為河流是一個實體，並且始終維持不變，但那只是心理的建構而已。當我們坐在河岸邊時，看見我們正在觀察的河流與剛才下去游泳的河流是不一樣的。希臘哲學家赫拉克利圖斯曾經說過，你永遠無法站在相同的河流兩次。

亨利．柏格森在一九〇八年出版的《創造性進化論》（*Evolution Créatrice*）一書中，使用了「心的電影機制」（*méchanisme cinémato-graphique de la pensée*）這樣的術語。當你看電影時，有真實故事正在發生的印象；但若你暫停影帶並加以檢視，會發現只有個別的畫面彼此接續，因而產生有一個實體或連續體的印象。

心行非常快速地顯現，彼此接續，使人產生識這種東西是長久持續的印象。但若我們保持警覺並且檢視影帶，將會看見心行的生命週期，以及創造心行種子的本質。

心行顯現的緣起

我們說種子的顯現有三個自然特性與四個條件。每個種子都有自己的特性，雖然一直在變化，卻始終維持著那個特性。雖然一顆穀粒不斷地在變化，卻依然是穀粒，只要種下去，你就會得到一株穀株，而非豆株。我們可以影響、修改與改造種子；種子可以達到更好的品質，但依然保持相同的特性。

種子的第一個特性是，在死亡的每一刻重生，然後再次死亡。我們知道身體的細胞也是一直在生與死。蠟燭頂端的火焰也有電影的特性：在每一毫秒死亡，然後產生下一個火焰。不只識具有電影的特性，識的對象也一樣。一切事物，無論是生理的或心理的，都不斷在變化。佛陀說：「諸行無常，剎那即滅。」

種子的第二個自然特性是，種子的顯現或果已經包含在種子中。假設你有一片DVD，你知道裡面有顏色、畫面與聲音，即使你看不見也聽不到這些，卻不能說它們不存在。你需要幾個條件來幫助顏色、畫面與聲音加以顯現。所以，種子與果並非兩個不同的事物。種子不需要時間來成為果，因為果早就包含在種子裡。當你按下按鍵播放DVD時，聲音、顏色與影像立即顯現。我們不需等待種子長成植物，然後再等待植物開花結果。我們不需要時間；果此刻就已經存在於種子中。

種子的第三個特性是，必須等待不同的條件才能顯現。種子已經在我們的藏識裡，就像DVD上的訊號與資料已經是現成的一樣，只是在等待某些條件，以便能轉化與顯現為聲音、顏色與影像。

要發生顯現，需有四個必要條件。第一個條件是種子：因。沒有種子，任何事都不可能。沒有光碟裡的資訊，你什麼也看不到。沒有穀粒，將長不出任何植物。如果沒有藏識裡的種子，它就不能被稱為藏識，而從它產生的其他七識也不可能顯現。種子是基本條件，有了穀種，我們才可能種出結穀的植物，並且有一些穀穗可以吃。「因」的中文寫法很有趣，這個字由兩個特色構成：一個特色是「口」（圍，限制的意思），裡面是另一個特色，意為「大」，表示限制的裡面有可能變得很大的東西。大已經存在於小中，若你允許其他條件加入，那麼小東西就會變大。

第二個條件是種子的增上緣。你雖然有穀種，但還需要水、陽光、土壤與農夫的幫助，穀種才能發芽，並長成結穀的植物。你的內在有成佛的種子，雖然很小，但如果你給它機會，種子就會茁壯。你需要條件——你需要僧伽、佛法上的兄弟、姊妹與老師，以及一個道場。你需要可以讓佛種充分展現的適當環境，這些是增上緣。

增上緣有兩種：順增上緣與逆增上緣。如果每件事都很順利，便是順增上緣。但有些條件會讓情況變得更困難，有時在修行的道路上，你會遭遇阻礙，也許是生病，或者有個很難相處的同事，但你應該感謝這些困難讓你可能轉化並變得更強壯，雖然乍看之下好像是阻礙，但那也是助緣。

有些松樹生長在土壤貧瘠的山坡上，只能得到很少的養分來支持種子發芽與成長。但正因為有這樣的困難，松樹才有機會深入土壤並變得更強壯，耐得住寒風的吹襲。如果松樹一路上的境遇都很順遂，則松樹的根將無法深入而穩固地扎進土壤中，只要強風一吹就可能倒塌。有時阻礙與困難反而會幫助你成功。

假使你有個很難相處的同事，你可以將他視為增上緣，即使感覺上他很像阻礙，但他正在教導你認清自己的力量。修行人應該要夠強壯，才受得起這兩種增上緣：順增上緣與逆增上緣。

種子顯現所需的第三個條件稱為「所緣緣」。認知要發生，一定得有「能知」與「所知」湊合在一起。「能知」不能沒有「所知」。我們都知道，識總是覺知某事。當你生氣時，是對某個人或某件事生氣；當你進食時，一定是在吃某種東西。認知永遠包含「能認知者」與「所認知境」，感知則包含「能感知者」與「所感知境」。桌子上的鉛筆有正面與反面。正面無法獨自存在，只有反面存在，正面才可能存在。

識也一樣。我們都習慣性地認為識就在那裡，隨時準備好認出任何冒出來的對象。但感知的本身即是心行。想像是心行；憤怒是心行。每次心行一顯現，「能緣」（即主體）與「所緣」（即對象）便一起生起。

第四也是最後一個條件，是穩定且不中斷。「定」（*samadhi*，等持）的意思是穩定，不上下起伏。你定的對象可能是雲、花或憤怒，在定的狀態中，你穩定且平衡地保持你的焦點。但如果定消失，一段時間之後再生起，就不是定。定必須是連續且穩定的。

假設你正在放影片，突然停止了，畫面的進行與聲音也隨之停止。如果識的過程中有中斷，便無法繼續。一定要穩定的持續，過程才可以進行得下去。假設你種了一粒穀種，幾天後把種子挖起來，看它進行得如何，那麼你便把種子生長的過程打斷了。小穀苗的成長必須日夜持續，不能間斷。如果你吹蠟燭頂端的火焰，則它將無法繼續。你的轉化與治癒也是如此。如果醫生給你抗生素，並要求你持續服用一段時間，但你只吃了幾天就停了，幾天之後又再開始服藥，將無法產生作用。這需要穩定且持續的過程。

當這四個條件：種子（因緣）、支持的條件（增上緣）、主體對象（能所）同時生起（所緣緣）與定（等無間緣）皆具足時，心行就會生起。

特別與普遍（自相與共相）

如果每件事物都是相互關連的，那麼普遍與特別的差異是什麼？

假設意識正在觀察一隻象走路。觀察期間，意識的對象可能不在象本身，而可能只是基於先前烙印在藏識裡的象的畫面去作心理建構，此時，意識已經失去與這隻特定的象的接觸，變成是與普遍的對象接觸。

假設我們在看花，我們真正深入地觀察花，並且知道那朵特別的花是我們意識的對象。我們有能力接觸到特別的對象，事物的實相。在佛教中，我們經常稱此為「自相」。當我們的感覺器官接觸到特別的對象時，通常的制式反應是，只感知畫面普遍的徵相而非特別的。當我們看見野花鮮紅的顏色時，有強烈的習性去看普遍的「紅」，而非經由光波與震動呈現在我們眼前的獨特色彩。我們不再接觸「自相」這基本的元素。藏識和意識同樣能接觸到「自相」，但意識接觸的大多是自相的畫面轉變為共相。

五種普遍的心行（五遍行）

個別來看五遍行，也很具有物理特性，提醒了我們，識是兼具物理特性與心理特性的。觸是第一個，接著是作意、受、想（感知）與思（意志）。這五個心行可以很快地出現，其強度與深度在每個識的層面上都有差異。

觸

在佛教裡，第一個遍行：觸，被定義為媒介，是讓三樣事：根、境、識湊在一起的能量。當三者湊合在一起時，即可能產生認知。在觸之前，這三者可能互不相干，各自存在。眼在這裡，雲在那裡，眼識則以種子的形式存在於藏識中。事實上，這三者都是藏識裡的種子。觸激起改變，例如，眼根的改變。觸在五根留下印象，那個印象可能是溫和或強烈的；若印象強烈，則會更有刺激的作用，更有機會達到較高層的識，否則就只會被認知為不重要的識，立即落入生命的相續之流中。

如果有個不太重要的印象，則剎那間生命之流會有個波動，然後生命之流的表面就會恢復平靜。我們持續認知印象為重要或不重要，事物為已知或未知。一切已知的事物與被認為不重要的事物，都會立即被很快地分類，並且沒有機會達到更高層的識，因此我們才說有各種不同的觸。能否獲得真實的感覺，關鍵在於觸的強度。在這個較低的層次上，腦傾向於不讓資訊進入到更高層的識，而是傾向於勸阻與終結事物，直接在藏識的層次處理。我們從觸與作意獲得的多數資訊，都是在這個層次被處理掉的。

作意

當觸的強度夠重要時，第二遍行「作意」（manaskara，即注意）便會顯現。作意是一種能量，在觸的事物不是太熟悉或模糊的前提下，具有把心導向對象的作用。對象應該是未知、奇特與重要的事物，這樣才能引起作意。作意就好像船槳，若無船槳，船將四處漂泊。因此，心受邀前進所緣的方向，而你對這有興趣，那是作意。例如朝臣引介農夫給國王，農夫來到皇宮拜見國王，到了之後卻不知道該怎麼走，因此朝臣說：「國王在這個方向，我引你去見他。」作意的任務便是引導心往有趣的對象前進。

一旦觸在根、境之間發生，緊接著便會有作意，經由一或多個根門看見或認知現象。作意生起，從而有見，然後接收信號。事件的順序是：生命之流波動，逮到波動，接著根門打開，然後有五根在運作，其次有「見」接收以及傳遞信號，然後下一瞬間是尋思。這是資訊的處理，一切都發生在幾毫秒間。在第八剎那，若認知對象夠有趣與夠強，則會有個抉擇識的動作，在之後五或七剎那間有名為衝動的接續步驟。在這五或七剎那間，會有喜好和憎惡，決定做或不做，因此，自由意志的元素在這裡可能有介入的機會。最後在第十六與十七剎那間，若對象夠強，則將會被處理與認知。

國王與芒果：感知過程的故事

若感知對象所造成觸的波動極弱，則在第三剎那將會沉入「有分」或生命的相續之流中，對較上層的識則沒有很大的影響。若觸的波動較強，那麼感知將有機會達到完全覺知的意識。這是古代修行人對於認知過程的描述。

《阿毗達摩》（*Abhidharma*）的論集，曾經舉過一個有趣的例子。「有分」——藏識，是睡著的國王。有個國王在打盹，皇后與一些宮女坐在附近，因為國王可能隨時會醒來需要服侍。內殿門中有個守門人，是個聾子，他有開門或關門的權力。

門外有個人想要將一籃芒果獻給國王，當那個人敲門時，國王正好醒來，那是生命之流的波動。然後等待的宮女看著聾人，做了一個手勢，示意他開門。聾人打開門，即代表根門打開。帶芒果籃的人入內，人們看見芒果便立刻曉得有人帶著芒果來獻給國王，然後其中一位等待的宮女接受芒果。皇后前來，選了兩三個成熟的芒果交給一位待命的宮女，要她為國王剝芒果皮，之後芒果被呈獻給國王。在下五或七個剎那間，國王吃了芒果，於是有了喜好或憎惡、貪愛或不貪愛，他可能決定只吃一點，或者可能決定吃很多等等。然後，國王認知到，他吃了芒果，芒果是好東西，有人進貢一些芒果是好事，然後他評估芒果的品質，之後，他再回去睡覺。這是一個思想或感知的過程。你們都看見了，古代修行人已經很清楚心非常迅速地工作，這一切認知的過程只發生在七至十七剎那間，這是一段極為短暫的時間。

如理作意與非如理作意

「作意」的梵文原文是*manaskara*，巴利文是*manasiikara*。「作意」將我們的注意力引導到對象上，這也是我們的修行。佛法中有兩種作意：如理作意與非如理作意。如果你想建設城市、僧團或道場，便應該能夠一直創造適合如理作意發生的條件。當你的心朝向一些重要、清淨、美好與善良的事物時，將有益於你的整個生命與心識。如果你的心被引向不善的事物，就像被引向一群毒癮者，那是非如理作意。

佛教鼓勵人們修習「如理作意」，*yoniso manaskara*（即適當的注意）。例如，一位小姐敲響鐘聲。當你的耳朵接觸到聲音時會有「觸」，那將產生耳識。當你聽到鐘聲時，你趨向對象：鐘聲，然後說：「我聽到了，我聽到了，這個美妙的聲音帶我回到真正的家。」因為心趨向善的對象，所以你灌溉了內在美麗的種子，使自己安住在當下，觸及生命深處，因而獲得療癒與平靜，這就是我們所稱的如理作意。

如果你懂得修行，就會妥善整理你的房子、客廳與時間表，讓心有許多接觸善與正向事物的機會。許多人在他們的電腦裡設置正念的鐘聲，每隔十或十五分鐘就會有個正念的鐘聲，提醒他們好好地享受呼吸與微笑，讓自己不迷失在工作中，這便是如理作意的修行。

若你的注意力被引向危險與不善的情況，使你陷入其中，稱為「非如理作意」，*ayoniso manaskara*（即不適當的注意）。我們需要用理智去分辨生活，並創造一個有利於接觸善與正向的人與事的環境。例如，在一個道場中，每件事都應該具有幫助你反璞歸真並接觸內外生命奇蹟的功能。

受

第三個普遍的心行是感受。觸的任務是湊合根、境、識以作為受的基礎。受有三種：樂、苦與不苦不樂。觸可能立即引發受，而受則可能有助於引發更多的作意。

有些樂受可能導致更多療癒與轉化，但也可能破壞你的身體與悲心，因此受這種能量可能帶來快樂，也可能帶來痛苦，或者可能帶來單純的存在覺知；我們稱此為功能性的受。

想（感知）

第四種遍行是「想」（*samjña*）。「想」幫助我們獲取對象的徵相與特性。例如，當你看一座山時，想幫助你看見山形與山色的特性。山不是河。山有山的外貌與形相，河有河的外貌與形相。想的作用是，看見對象的形式與特性。想的第二個作用是，為對象命名。名字可能已經存在於藏識中。若你第二次看見庇理牛斯山，並且已經聽過「庇理牛斯」的名字，那麼在想的期間，儲存於你藏識中的庇理牛斯的舊畫面與「庇理牛斯」這個名字，將出現成為你當下認知的基礎。所以我們才說認知是認出它，並給它一個名字，這是想的本質與功能。但佛陀警告我們要小心！

凡是有想的地方，便會有迷妄。我們都是錯誤感知的受害者，充滿錯誤感知的戀人便是最好的借鏡。

思（意志）

第五個也是最後一個遍行是「思」。「思」是一種促使你去做、去追逐或去逃避某事的能量，這種能量是想與受所造成，並且會產生一種動機去做某事的意志。首先，你想做。雖然這可能會毀了你，但你還是想做。你的理智可能知道一旦做了，會很痛苦，但你就是想去做。這端視你藏識中的強度而定。若你有足夠的智慧與決心，自然會說「不，我不做」，此時你是解脫的，這是很動人的。

還有其他動人但不危險的事。例如，幫助別人。你被渴望幫助、服務與調解的欲望所推動，也許會有一些危險，甚至可能因而喪命，但若你有足夠的悲心，以及不生不滅的智慧，就會義無反顧，不再害怕。那種欲望是善的，那是思。

還有些事是你不想做的。你想要逃避某些事，你害怕，所以決心不去做。即使那是值得做的好事，你還是不想做。「為什麼要那麼麻煩去幫助別人呢？他們都是不知感恩的人。」因此，一切皆取決於已經存在藏識中的智慧與慈悲有多少。無論何時，我們的決定大都取決於藏識層次所作的決定。

此外，你做的一些事，本質上只是功能性的，你就是去做。這些事不是很重要，卻又屬於生命的實際層面。事情雖然不是很重要，但你還是有去做的意欲，並且做了。

五遍行貫通一切時間與一切識的層面，一直在運作，所以被稱為「心遍行」。它們一直一起運作，並且是識的內容，而識的層次則決定心行的強度與深度。

五種特別的心行（五別境）

五遍行在每個人身上運作的方式完全相同。在某種意義上，就是心識。而區別各種識的元素，是特別的心行：欲、勝解、定、念與慧。有了這些特別的心行，才有可能覺悟。欲與勝解有助於念，而念總是導致定。只要你的定夠深入，便會開始更清楚地如實智見。

欲

第一個特別的心行是「欲」。欲是希望去做某事，例如，欲見、欲聽或欲觸。欲也可能是我們保持正念的決心，以及對於自己可能創造適合正念習慣之因緣的了解。神經科學家已經發現，在開始欲求之前約十分之二秒，會有明顯的腦部活動，可以稱為「前欲」（pre-intention）。我們經常不知道自己有做某事的意欲，直到已經做了之後才曉得。

例如，在你的工作中，也許察覺到有人需要不時地停下來。人們歇息的方式之一是坐下來並點燃一根香煙。抽煙時，他們不需要想到工作，就只是休息。正念呼吸會比抽煙更能讓你得到休息，但這需要念欲。有些人甚至設定好電腦，每十五分鐘一聽到禪修鐘聲，就讓自己停下手邊的工作，修習正念呼吸。

下次你吃午餐時，觀察自己吃飯的方式。讓我們集中正念，觀照吃飯時的每個動作。我們可能會有這樣的印象，我們的動作很像機器。雖然有夾豆腐的意欲，以及夾豆腐的動作，並把豆腐放進嘴巴裡咀嚼，但我們完全不需動腦就能自然地做這件事。我們的母親、父親和老師，為我們示範如何咀嚼以及使用刀叉，在訓練、教導與練習下，我們將規矩融入藏識，並自動成為好習慣。我們可以有正念地吃飯的意欲，並且盡量成為一種習慣，一種藏識的產物，就像使用銀餐具般自然。

勝解（確信）

第二個特別的心行是「勝解」。勝解是確認某件已經確立的事。你認出一些事，你知道它是什麼，再也沒有任何疑惑。當你看見桌子時，說：「這是桌子，我確定這是一張桌子。」那是勝解。你真的確定這是一張桌子。也許你是錯的，但你依然有勝解。你看見一個人，確信他是敵人，是個恐怖份子，從他的外表與表現，你毫不懷疑這個人是敵人。這種確信導致了行動。依據你的確信，你會幫助他、解救他或消滅他。勝解並不表示你的感知是對的，但你就是有確定的感覺。

當我們看一朵玫瑰時，確信這是一朵玫瑰，這種確信即是勝解，但並不表示你的勝解一定是正確的。勝解很容易成為行動的基礎，具有消除疑惑的功能。在心行的表列中，「疑」被歸類為不善法。但對我來說，疑應該被歸類為不確定的心行，因為疑有時是有益的。若你不懷疑，就沒有機會發現實相。在禪宗裡，你的懷疑愈大，覺悟就可能愈大，因此，疑也可能是好的。若你過分確定，一直有勝解，則可能一直被錯誤的感知所影響。

定

「定」是第三個特別的心行。當我們聆聽鐘聲時，可以聽得很深入。藉由修行，聽的品質會不斷深入，你能啟動全身細胞一起聆聽，而非只是透過你的腦或神經。所有細胞形成一個共同體，我們完全專注於其中。佛陀使用的字眼是「全身」（*sarvakaya*，或「一切身」）。這是第三個特別的心行：定。

無論你意欲做什麼，都可以喚起所有的細胞參與。若你夠深入，則每個細胞都會表現得像全身，每個細胞都會變成全身，彼此間再也沒有任何區別。數以百億的細胞表現得就像一個一樣，這是「定」。念本身即蘊含定的能量。你當然有定，但你的定力和另一個人的定力不同。只是藉由聆聽鐘聲，若你持續修行，那麼定的能量會變得愈來愈強。若你能喚起一切細胞加入，像一個有機體一樣聆聽，而非只是用你的理智，則情況會變得很不一樣。

當我們深入禪定時，便不再聽、看或嗅，五根識停止，因為意識的定很強，因而獨自運作。但在我們的日常生活中，意識時常和根識一起合作。假設你在一個展覽會場中被一幅藝術作品吸引，作品實在太有趣又太美了，你的意識完全被吸引，不論人們在你後面或周圍說話，你都聽不到，你的能量灌注並集中於一處。

但就「定」本身而言，不必然是正面的。若你定於渴愛的對象，很可能會發瘋；若你定於憤怒的對象，也可能會發瘋；但若你定於無我或無常的實相，則你的定會有解脫的效果。因此，我們必須區分正定與非正定。

念

念的中文是由「今」、「心」所構成，意即現在之心。梵文是*smrti*。念的第一個意義是「記得」。修習正念即記得要記住。念這種能量可幫助你覺知正在進行的事。當你做好事時，你知道：「我正在做好事。」當你做以後可能會後悔的事時，你知道：「我曉得我正在做以後會後悔的事。」念就在你的心裡。念的種子就在那裡，其強弱取決於你的修行與精進程度。

我們必須區分正念與非正念，這取決於念的對象，以及處理念的方式。若你只是將注意力集中在負面事物上，或者所渴愛或憤怒的對象上，則你將失去主導權，那是非正念或負面的念。你愈將心集中在所憎恨的人身上，就會愈恨這個人。正念是回到你的入息與出息，並且清楚地覺知憤怒的存在，以及憤怒可能會造成自己與他人痛苦。這即是正念：照顧你的憤怒，而非把注意力全部集中在你所認為的仇人身上。我們以這樣的方式來區分正念與非正念。

慧

有了念與定，第五別境——慧，才有可能。正慧，即*prajña*，有解脫以及帶來慈悲與智見的力量。非正慧是一種可能與真諦相反的定見。你相信這是真諦，而且非常確定這就是真諦。你相信他是敵人，相信他是邪惡的，因此如果你希望擁有安全、保障與快樂，就必須殺死他。那種確定是非正慧。許多人都有非正慧，錯誤的感知（非正想）是我們行動與決策的基礎，所以區別非正慧與正慧非常重要。我們有一些觀念，而且總是很確定這些觀念。如果有人說：「請三思」，可能會有幫助，我們也許有回頭的機會。太確定某件事是很危險的，尤其當你擁有崇高的社會地位，當你的決定會影響許多人的生命時。

對於醫生來說，誤診可能會害死人，因此他們必須很小心。有些醫生曾經告訴我，在醫學院時他們被教導：即使你已經很確定，也要再檢查一次。這個忠告對於想要修習正念的人來說更加適用。有時候我們總是太相信自己的感知。你最好能用筆寫下「你確定嗎？」，然後掛在辦公室或工作場所，那是正念的鐘聲。隨時返回你的感知，再三加以檢查，別太確定。

第五章

感知與實相

◎享用梅村美味的早餐

在藏識內，我們能夠直達實相或法爾。在根源，亦即藏識，潛藏著眾生本具的智慧，有能力直接觸及實相本身。藏識直通自然法爾，直通全部的種子。但經常當我們用五根去體驗某事時，會受先前的經驗所影響，而有預設的好惡感覺。我們根據藏識既有的盒子去區分事物。

感知與實相

我們對於事物的感知，都習慣建立在先前經驗的基礎上，以前經歷過某事，便拿來和現在遭遇的事比較，從而覺得我們認識它。我們用心裡既有的顏色去塗抹訊息，所以才很難直達實相。

有些牡蠣住在海底，我們在陸上享用的光線有少許能下達那裡，但牡蠣卻看不到藍色的海洋。人類在星球上行走，抬頭仰望，看見星座、星辰、月亮與藍天，因而認為自己比牡蠣更高等，自以為能看見一切與聽到一切，但事實上，我們和牡蠣差不多，只能達到法爾很小的一塊區域。

我們之所以無法觸及實相，大都是由於「自我無明」。我們不了解其實自我只是非我元素所組成，因為我們執著於自我這個觀念，所以才會對自己產生許多情結，認為自己比別人高等、低等或平等，陷入「我愛」或「末那識」中。末那識得到「愛人」之名，是許多假相的愛人，而那些假相即是構成我執的基礎。這個「我愛」使得我們很難正確地感知實相。回想你瘋狂愛上某人的情形，你並不是真的愛那個人，而是你創造了一個形象，然後愛上那個形象。我們愛的對象並不是事物本身，不是「自相」，而是實相的心理代表，並非實相本身。無論我們看山、看巴黎、看星星或看另一個人，都是如此。通常我們交涉的對象是「共相」——實相的代表。

末那識生活在假相的領域中。但意識與根識跟我們的藏識一樣，有能力觸及實相本身。這需要訓練，因為許多人已經失去了這個能力。好消息是，在正念的修習下，我們可以恢復觸及實相的能力。

根識經常可以直接觸及實相。我們的眼識、耳識、鼻識、舌識與身識不需使用推論或分析，這個直接認知的模式稱為「現量」（*pratyeksha pramana*）。當你看雲時，不需要思考或推理，不必使用推論或演繹，你直接覺知。

我們的意識也可以透過「比量」（*anumana pramana*）觸及實相。我們的心可以使用推理、歸納、演繹與推論。假設你看見煙生起，之後藉由推論，你知道那裡有火，因為無火則無煙。

但直接感知有時可能會出錯。有時我們確定聽到了聲音，例如嬰兒在哭，但事實上卻是一隻貓。由於我們先入為主的成見，導致根識可能誤導我們。間接的感知，也就是推理，也經常會出錯。

知識是覺知的障礙（所知障）

知識常常是阻礙我們觸及實相的最大障礙，所以學習放下自身的見解非常重要。知識是覺知的障礙，若你的思考方式是教條式的，將很難接受新的洞見，很難想像新的世界觀。佛陀說應該將他的教法視為幫助你到達彼岸的舟筏。你不需要崇拜或背負著舟筏，並驕傲地自以為擁有真諦。

佛陀說：「法尚應捨，何況非法。」甚至有時更進一步說他的教法有如毒蛇，很危險，若你不知道如何處理，可能會被反咬一口。

有一天，一位禪師在集會上說：「我討厭『佛』這個字。」禪師果然不同凡響，因為他如此說佛：「每次不得不說『佛』這個字時，我都得去河邊漱口三次。」許多人為此深感迷惑，因為他是佛教的法師，理應讚嘆佛陀才對。還好群眾中有明眼人，她起身說：「親愛的法師，每次聽到你說『佛』這個字時，我都得去河邊洗耳三次。」這是個好老師與好弟子的佛教範例！

感知的三種領域（三類境）

佛陀說：

一切有為法，
如夢、幻、泡影，
如露亦如電，
應作如是觀。❄

在佛教中，我們說有三種可能感知的對象。第一種對象名為實相本身的領域（性境），證實我們的眼、耳、鼻有能力觸及事物本身，雖然在日常生活中我們很少於此領域運作。

❄參考《金剛經》，見一行禪師, *The Diamond that Cuts through Illusion: Commentaries on the Prajñaparamita Diamond Sutra* (Berkeley, CA: Parallax Press)1992, p.25, 113。

感知的第二種領域是共相的領域（帶質境）。由於我們試圖執取實相，因而失去了實相，只接收到實相的代表，即共相的世界。對於某甲的實相是什麼，我們有一個觀念，在我們的觀念裡，我們認為她是誰，但觀念就是觀念，並非實相本身，因此為了攝取實相，我們使用抽象的想法或概念。當我們看桌子時，看見了概念，看見一般普遍以為的「桌子特性」。然而，我們所感知的桌子共相，確實帶有事物本身的一些實質內涵——雖然可能帶有實相的一些核心特質，但畢竟不是實相本身。

感知對象的第三種領域是純影像（獨影境）。當你作夢、想像、看見或感覺時，屬於第三種領域：純影像的領域，該影像儲存於藏識中。你看見一頭象，象的影像被儲存在藏識中。當你夢見一頭象時，通達藏識的意識潛入藏識揀取象的影像，因此你看見的象並非真實的象，也不是象的共相，而只是象的純影像。

這些影像雖然不是事物本身，卻可能是有用的禪修工具。當我們觀想某個事物時，那個事物並非真的被以五根感知。假設你觀想一尊佛，在某種程度上，你心中的佛是純影像，但佛的純影像可能幫助你專注，並協助你接觸真正實質的佛，也就是禪定、智見與慈悲。

你可以自行選擇一尊佛，在心中觀想他或她。若你可以利用那個影像安住於禪定，那麼你將為心注入安定、喜悅與慈悲。我在沙彌時期學過的一個禪法有助於說明這一點。

禪法的要領如下。首先，你對自己說：「能禮所禮性空寂。」這句話的意思是，我在佛中且佛在我中，因此沒有一個獨立恆存的自我。這是觀想的開始。你希望泯除分別，泯除你與佛陀之間的二元性。你不需要外在的工具，例如橡皮擦，來擦掉你與佛陀之間的藩籬。心自身當中就有絕佳的工具。

持續觀想：「我此道場如帝珠，十方如來影現中。」佛經中寫到，帝釋天珠串成一片因陀羅網，每顆寶珠都反映了其他的寶珠，看一顆寶珠便看見了一切寶珠，意即十方三世諸佛都顯現在這個道場中。你不只看見一尊佛而已，而是看見無數的佛顯現。

假設你蓋了一間各面都是鏡子的房間，然後進去，手上拿著一根蠟燭。你照鏡子看見你與蠟燭，轉身時你看見那面鏡中也有你與蠟燭，同時還看見你與蠟燭在另一面鏡子中的反射。一面鏡子不只是反映另一面鏡子而已，而是反映其他所有的鏡子，因為每面鏡子都有你與蠟燭在其中，你只需要看一面，便看見你與蠟燭重重無盡的反射，有無數的鏡子、無數的蠟燭與無數的你。

因此當你接觸佛並觀想佛時，會發現不只一尊，而是有無數的佛出現在周遭。你觀想每尊佛前都有一個你在禮拜佛陀，佛的數量與你的數量都不可勝數，無量無邊。你也泯除你是一個實體而佛是另一個實體的觀念，你觸及相即性，因此可以放下一、多與同、異的概念。

這是個相當困難的修行，比只是拜佛或接觸大地更不容易。這是相即的修行，從影像開始。因此，當我們說感知的領域是「純」影像的領域時，別輕忽它，你必須花很多年的時間來修習。當你可以做得到時，便會感覺很美妙，你可以利用這種修行去除獨存自我的概念。觀想的修行在佛教中非常重要。

佛陀的母親

《華嚴經》中有個很棒的部分在描寫善財童子尋找佛陀母親的故事。善財童子為了求法，參訪了許多老師，他的老師是偉大的文殊師利菩薩。文殊師利菩薩鼓勵弟子多方參學，對象不只是年長的老師，也有年輕的老師；不只是佛教的老師，也有非佛教的老師。有一天，有人建議善財童子去尋找佛陀的母親，可以跟她學到很多東西，於是他便前往尋找，但卻徒勞無功。有人告訴善財童子：「你不必去任何地方，只要坐下來修正念呼吸與觀想，她便會出現。」於是，善財童子停止尋找，轉而靜坐修行。剎那間，他看見從地下湧出千瓣蓮花，佛陀的母親摩耶（Mahamaya，意即大幻）夫人便坐在其中一片花瓣上。他向她禮敬，突然間，他了解到自己也坐在同一朵蓮花的一片花瓣上，每一片花瓣都變成一朵完整的千瓣蓮花。你瞧，一即一切。

蓮花有一千瓣，摩耶夫人坐在其中一瓣，轉瞬間，那片花瓣變成一朵完整的千瓣蓮花。善財童子看見自己就坐在其中一瓣上，突然間，他看見他的花瓣變成一朵完整的千瓣蓮花，因而歡喜地合掌仰望，然後佛陀的母親與善財童子之間展開了一段精彩的對話。摩耶夫人說：「童子，你知道嗎？我懷悉達多的那一刻非常奇妙，全身充滿喜樂。佛陀示現在身內是一件奇妙的事，歡喜無比。你知道，童子，悉達多入我胎藏（子宮）之後，無數菩薩從各方前來，請求准許入內參見他。悉達多的無數菩薩法友前來參見，以確定他們的朋友在那裡安好舒適。有千百萬菩薩進入我的胎藏內。在我的印象中，若有更多菩薩想要入內，裡面的空間還是綽綽有餘。童子，你知道嗎？我是過去諸佛的母親，現在諸佛的母親，也將是未來諸佛的母親。」她如此說。美極了，妙極了，那是觀想的工作，向你揭露了相即的本質，揭露了一即一切的真諦。極微粒子便可含容全宇宙。

摩耶是誰？佛陀的母親是誰？她是在你之外的人，或者就是你自己。所有人在胎藏中都帶著一尊佛，摩耶非常清楚這一點，所以走路與坐下時都很小心，因為她知道她裡面帶著一尊佛，知道她所吃的每樣東西，喝的每樣東西，做的每件事，看的每部影片，都將影響她的孩子。釋迦牟尼佛曾說：「你即是佛，你們每個人裡面都有一尊小佛陀。」無論你是女士或先生，裡面都帶著一尊佛。但我們卻不像摩耶夫人一樣小心翼翼，反而肆無忌憚地吃吃喝喝、抽煙、擔憂與投射，是不負責任的佛陀母親。我們像摩耶一樣，裡面有很大的空間，不只可以容納一尊佛，還可以容納無數的佛。我們可以像摩耶一樣，宣稱自己是過去諸佛的母親，也可以是現在諸佛的母親。我們是否也能成為未來諸佛的母親呢？

摩耶是外在的客觀實體嗎？或者她就在我們裡面？若你觀想自己是佛陀的準母親，則一切迷妄都會消失。你可以表現得像個負責任的佛陀母親，你內在的佛陀也因而有機會為你顯現，為世界顯現。所以，觀想是很重要的法門，可以幫助我們去除這一切錯誤的內在感知，讓實相得以清楚地向我們揭露自己。

夢與創造中的感知領域

在夢中，你大都處於純影像的感知領域（獨影境），並未使用眼、耳、鼻、舌，但在夢中卻看見、聽到並說話。你看見朋友，看見奇怪的生物；也可能看見戰爭，炸彈掉下來；可能看見有人死掉；甚至可能接吻或做愛。但那裡並沒有人，沒有實體，甚至連共相也沒有。不過你認為夢是真的，是很真實的東西，因為你會哭會笑，並且有各種反應。絕望、憎恨與憤怒這些心行，都在你做夢期間看見東西或聽到聲音或感知事物時發生。

若我們深入觀察，會看見，共相的領域（帶質境）與實相的領域（性境）也涉入夢中。若你睡在一間很熱的房間（我希望你的房間不是太熱），則你可能會夢到去烘焙屋；或者如果房間太冷，你可能會夢到自己在冰中游泳，因此，在冰中游泳的影像不只來自純影像的領域，也來自實相的領域。

若你和別人同眠，而那個人睡覺時把頭或手靠在你的身上，你可能會夢到鬼壓身，並且努力想掙脫那個鬼，因此，鬼的影像和另一個人的身體有關。在夢中，你可能看見自己在性交，甚至還射精，醒來後卻發現自己夢遺了。

這三個感知領域是相互關連的。共相領域是以實相領域為基礎而產生，因此帶有一些實質的內涵。純影像的領域則是產生自共相的領域與實相的領域，可能也帶有一些實質內涵。

在純影像的領域中有兩種影像：具有實質者與不具實質者。假設你在夢中看見熟識的朋友在跟你說話，這是具有實質的純影像。但在夢中，你也會看見從不認識的人，而那個人可能是由好幾種元素東拼西湊所組成的。假設你看見一頭象，但夢中的那頭象是象的複製品，是影像，很像你清醒時所見的象的真實形象。假設你看見在空中飛行的象，那就是組合。你東拼西湊，進行心的創造，使用自由聯想與幻想，於是有了衍生自共相的影像。

若你是藝術家、畫家、詩人或建築師，便需要許多想像，你使用實相領域與共相領域，創造一些原本並不存在的東西。若你是建築師，則不只畫現成的東西，而必須想像新的建築形式。意識有創造的能力，不只創造藝術作品，還能創造我們生活的世界。

四尋思

當你提到巴黎時，是在心中用意識創造了一個巴黎的影像。但我們可以更深入地觀察純影像（獨影境）與共相（帶質境），以觸及裡面的實相（性境）。要這麼做，必須更深入地尋思我們為事物所取名稱的本質。佛教使用名為「四尋思」的修行。尋思的意思是，不使用意識創造的功能，讓你自己去接觸事物，並嘗試看見事物真實存在的樣子。若我們深入觀察，同時不被自我與諸法（泛指所有的存在）的名稱所蒙蔽，就會發現自我與諸法的真實本質。當我們洞見名稱背後的實相時，就能如實地看見它，而非想像它。我們練習不受名稱所影響，因為當我們執著於名稱時，就會看不到實相。

當你聽到「雲」這個字時，「雲」的聲音會引生帶有形狀與顏色的影像與符號，「雲」的聲音也可能引生感受與思想。根據經典的說法，當菩薩觀察與尋思名稱時，只看到名稱：名稱就只是名稱。

《彌蘭陀王問經》中，彌蘭陀王問那先比丘：「在子宮中的胎兒的識，與亡者的識相同嗎？」亡者的識被稱為「庫斯庫提」（*kuskuti*）識，胎兒的識則被稱為「普拉提桑尼」（*pratisamni*）識。這兩種識相同或不同呢？這裡出現同與異的問題。他和亡者是相同的人或不同的人呢？這是彌蘭陀王提出來的問題。那先比丘說：「請回想你三個月大，還是很稚嫩的嬰兒時，你和那個嬰兒相同嗎？你會說，不，我現在已經長得很大、很強壯、很結實了，已經變得不一樣。但你是不同的人嗎？你有不同的識嗎？不，我並非不同的人，因為沒有那個嬰兒，我就不可能成為現在的國王。」因此答案是，兩者並非相同，也非兩個不同的實體。佛陀所給的答案是：「不落入相同的概念，亦不落入相異的概念。」你擁有和出生時一樣的名字，但只是名字相同而已，你的生命一直在演化，因此你已經變得不同。生與死每一刻都在發生，所以我們觀察實相的本質是不一不異的。如果我們像這樣了解輪迴轉世，便是以佛教的方式在思考。

有這麼一個故事。有人帶了一罐牛奶去鄰居家，說：「請代我保管這罐牛奶，我會離開一個小時後才回來。」但她離開了許多天，當她回來時，牛奶已經變成酸奶了，因此她說：「不，不，這不是我的。我請你保管我的牛奶，但現在你卻給我酸奶。」顯然那個人是不明就裡的。牛奶與酸奶雖然不同，但也非截然不同的實體。

第一尋思：名

第一尋思是「名尋思」，針對的是名或字。我們尋思名與字，因為它們可以激發影像、思想與感受。每個人都有名字，對多數人來說，我們的名字沒變，但我們卻變了許多，因此名字與實相之間有著差距。我們習慣性地認為，由於名字維持相同，所以實相也會維持相同。名字可能會騙人，當我們聽到名字時，會產生認識該事物的印象。

當你說「基督教」時，你認為自己知道基督教是什麼。你知道名字，因此認為你也知道基督教的實相，聽到名字便已引發關於基督教的感覺、想法與觀念。當我們使用名字時，必須很小心，因為伴隨名字而來的實相，可能並非事物本身的實相。

當我們聽到「伊斯蘭」這三個字時，會有觀念與感覺，因為我們認為自己了解那個名稱，所以認為我們了解伊斯蘭的實相，但也許我們對於伊斯蘭的觀念是遠離事實的。當某人對你描述一個人，說「他是法國人」時，「法國人」這三個字立即帶給你觀念與感覺，但那只是個名稱而已。

當我們聽到「恐怖份子」四個字時，許多人立即想到某個冷酷無情、邪惡且隨時準備要殺死我們的人。我們堅信恐怖份子絕對是另一個人，而不可能是你。但當我們深入觀察事實時，也許會了解，創造我們內心與周遭恐怖的人，其實是自己。但我們還是區分恐怖份子與非恐怖份子，並且覺得自己屬於非恐怖份子的陣營。當我們尋思真相時，將會有不同的看法。

名字可能非常危險。在尋思名字以觸及實相本質時，我們必須了解，這只是名字，而不被名字所欺騙。名稱與文字有產生感覺、情緒與分別觀念的強烈傾向，有了這樣的覺知，我們將知道怎麼做才不會陷入名稱與文字的陷阱中。

第二尋思：義

第二尋思是「義尋思」，即尋思從自我與諸法（譯者按：entities，實體，相當於梵文的*dharma*，泛指一切有為法。）的角度所說文字的意義。父親、女兒、佛陀、蘇格拉底、薩達姆．海珊、賈奎斯、你、我、我們，皆名為自我，而每個自我都有一個名稱。

一九六六年，我和其他人一起參加菲律賓的一項和平示威運動。一個人走向我，問道：「你來自北方或南方？」北與南是名稱。那是一項和平示威運動，呼籲停止越戰。當我看著他時，看見了他心中有兩個觀念的盒子，而他想把我放入其中之一。假如我說我來自北方，他便會認為我一定是支持共產黨的人，我出現在示威運動中是為了支持共產黨；如果我說我來自南方，那麼他會認為我是反對共產黨的人。身為禪宗的行者，我知道給個答案有多麼危險，無論我回答北或南，都只會更加深他的想法與觀念，因此我笑著說：「我來自中間。」真的有個地方叫做「中越」，因此我沒說謊。這令他感到尷尬，因為他認為只有兩種選擇——不是來自北方，就是來自南方，如今他迷糊了，因為他對於自己已經不再那麼確定，他有了一個尋思真相的機會。

伊拉克戰爭剛爆發時，布希總統說：「你若不站在我們這邊，就是站在恐怖份子那邊。」❀這清楚地指出，你若不是我們的夥伴，就是我們的敵人，應該要被消滅；換句話說，就只有恐怖份子與反恐份子。當然，布希總統認為自己站在反恐這邊，他覺得自己有個崇高的使命，要帶給世界和平與文明。當你有這種確定的信念時，會令你充滿幹勁。但我們知道，陷在文字當中，以及對已知的事物過度確定，是很危險的。我們隨時都準備要用現成的名稱與概念，為事物貼上標籤。

第三尋思：自性假立

第三尋思名為「自性假立尋思」。「假立」（*prajñapti*，或譯為「施設」）即「假名安立」，意即我們彼此同意稱某個事物為特定的名稱。例如，出生證明書即

❀喬治・布希（George W. Bush），〈對國會兩院聯席會議與美國人民的演說〉，二〇〇一年九月二十日。

是一種「假立」。我們都同意出生證明書是證明一個小孩在一個特別的日子出生的一張紙，但深入觀察，便會知道並沒有出生；孩子只是父親、母親與祖先們的延續，只是一個新的開始、新的出發。因此，「出生」是一種假立：我們都同意，但並不執著出生的觀念。

若我們一起坐下來修禪，都同意頭上的方向是「上方」，底下的方向是「下方」。這很有用。但若論及實相，則我們不應該陷入上與下的概念，因為和我們一樣在地球另一端坐禪的日本朋友們，他們並不會同意我們的上方是他們的上方，因為這其實是他們的下方，而他們的上方則是我們的下方。

假設我們畫一根棍子，會說有一邊是左，另一邊是右。假設你不喜歡右邊，想要去掉，所以你切下右半部，但當你這麼做時，棍子的另一個部分會變成右。即使左右之間的距離只有十億分之一米也一樣，總是會有個右邊。左與右並不是真實的，而只是假立的。

自我與諸法都是假立的，並非真正的實體，不是獨立恆存的堅固實體，因此可以稱佛陀為「佛陀」，也可以稱奧薩瑪．賓拉登為「奧薩瑪．賓拉登」。但我們應該知道，佛陀只是由非佛陀的元素所構成，賓拉登只是由非賓拉登的元素所構成，喬治．布希的情況也是一樣。若我們深入觀察布希，則必須看見布希總統的構成方式：我們必須看見新教的背景，了解地理、文化與宗教的背景。若你沒看見這些東西，就根本沒看到布希先生。一旦你了解某人的構成方式，就會了解，當我們依照世俗慣例同意稱呼他們為某個名字或頭銜時，那只是假立的。

第三種尋思幫助我們了解「相即性」。我們會發現，花是由非花的元素所構成。「相即」的另一個名稱是「相入」。一即一切，一切即一，諸法互攝互入。觀察一事，即見多事現起，見一切現起。

我們知道，人類的身體是由數十萬億個細胞所構成，一個細胞便包含一切細胞，其中蘊含全體的基因遺傳。我們可以稱為個別細胞，但前提是我們了解它的「相即」本質。換言之，我們必須視「個別細胞」為假立的。

佛陀也說我們的語言，也使用約定俗成的假名。他對弟子阿難說：「阿難，你想和我一起去爬靈鷲山嗎？」佛陀使用「你」與「我」這樣的字，卻不執著，因為他知道這些話只是假立的。無論是自性的「性」，或甚至「相即性」與「緣起性」，這些字都是假立的。我們可以稱此為「無性性」（譯者按：《大乘止觀法門》中提到轉「三性」為「三無性」，其中之一即轉「真實性」為「無性性」），我們甚至不執著一切事物都有相即性，一切事物都有緣起性，並且不執著「性」與所謂「性」的法，因此佛陀才必須進一步說「無性性」。經論中有以「無性」為一切事物的體性之說。佛教中使用的「性」也是假立的。由於我們的心有執著事物的習性，所以學習不執著的教法便顯得很重要。

我們可以使用「佛」、「性」、「你」、「我」這樣的名稱與文字，前提是必須具有「相即」的洞見。我們可以稱自己為母親或父親，兒子或女兒，我們必須使用這些字，但當我們使用這些字時，最好提醒自己，我們是父親，同時，我們也是兒子。

第四尋思：差別假立

第四尋思是「差別假立尋思」。vishesha的意思是「差別」。第三尋思的「自性」是指普遍與一般的符號。每件事物都有符號或現象，例如，當我們看一朵花時，便看見了一般符號的「花」。我們看見共相的領域（帶質境）。但當我們繼續往下看，就會看見差別，差別聚在一起，才使得一般符號得以顯現。

一間房子是一個存在。當我們看一間房子時，普遍符號的「房子」被我們所感知，我們便稱這為房子。但若深入觀察，會看見其他元素，包括沙、水泥、木材、玻璃、釘子，以及其他使得房子得以蓋成的各種建材。

普遍是由差別所構成。我們可能稱一個人為傑克或基爾，但傑克是由色、受、想、行、識等五種元素構成，若繼續觀察，便會看見共同促成普遍符號的許多差別元素。菩薩觀察差別，認出差別也是假立的，並沒有恆存獨立的實體。菩薩在觀察自我或諸法的差別符號時，不會被其符號所愚弄。菩薩了解，不只普遍符號是假立的，連它的差別符號也是假立的。這個修行是為了幫助我們解脫對於名稱、自我與諸法的執著，並幫助我們觸及「依他起性」、法爾與相即，進而看見「圓成實性」。

「不二」產生「不害」

有些核子科學家傾向從一元論的觀點來解釋事物，並視一切事物為一個實體的相互連接部分；其他人則傾向從二元論的觀點來解釋事物。常常有人問到：「腦與心是一樣東西或兩樣東西？」有些人認為腦與心是兩樣不同的東西，並且基於二元的觀點，他們問：「客觀中性的計算如何轉變成主觀的識呢？」有些人則相信心與腦是同一樣東西。佛法教導我們「不一不異」的觀點，這樣的觀點是可以實證的。我們的父親出生時很小。後來他長大，變得愈來愈大，在許多方面都改變了，他這一路走來，既非同一個人，也非不同的兩個人。因此，從觀察事實中，我們看見「不一不異」的真諦。你是他的女兒，你問：「我與我的父親是相同的人，或完全不同的人呢？」佛法說得很清楚，你與你的父親是「不一不異」的；你是延續體。因此，二元化的思考是一種誤導，鼓吹善、惡不兩立的信念，而那個善必須一直去對抗惡，這種神學造成許多痛苦與破壞。

在佛法中，憤怒具有有機的性質，愛也具有有機的性質，痛苦與快樂也是有機的，並且是相即的。就好像垃圾與花一樣。一個好的有機園丁不會將垃圾視為敵人，因為他有清楚的相即感知，知道可以把垃圾做成堆肥，讓土壤變得更肥沃，垃圾因而可以轉變成花。由於園丁沒有二元化的觀點，因此對於花與垃圾能感到自在，他知道，沒有垃圾，就不可能有美麗的花。

當我們知道痛苦、瞋恨與恐懼都是有機的時，就不會想要逃離。我們知道，只要透過修行就可以加以轉化，並且可以滋長我們的快樂與幸福。禪修是奠基於不二的洞見——善、惡與苦、樂是不二的，因此，我們處理痛苦的方法永遠都是非暴力

（即不害）的。你覺得再也無須對抗自己的憤怒或恐懼，因為你了解憤怒與恐懼就是你，因此會嘗試以最溫和的方式來處理憤怒與恐懼。再也沒有對抗，只有練習轉化與照顧。我們應該讓憤怒與恐懼有機會轉變成慈心與悲心，並且盡可能這樣修行，如此一來，不二的禪修基礎將產生不害的修行方式。若你陷入二元化的觀點，就會感到痛苦，進而對身體與感受感到憤怒，你會想要逃開去尋找某個能讓你遠離身心痛苦的事物。但如我們先前所說，快樂不可能沒有痛苦，左不可能沒有右——若無此，則無彼。

例如，說「你若不站在我們這邊，就是站在恐怖份子那邊」，正顯示出你非常執著二元化的觀點。這就好像說「你若不是基督徒，就是反基督」一樣，或者說「你若不站在佛陀這邊，就是反佛陀」，也是不正確的。在佛教的教理與修行中，我們總是被提醒佛陀是眾生，與眾生沒有差別。假如你去除佛陀裡面的眾生，他就不再是佛陀了。這個教法的精義存在一切傳統中。

「你不支持我們，就是支持恐怖份子」，這不是好的政策，也不是好的外交手段，因為持不同見解的政府不會喜歡聽到這種說法。當你說「你不支持我們，就是支持恐怖份子」時，是在挑撥你與同盟國之間的關係。沒有人喜歡被指稱為恐怖份子。

我們生活在一個禪修已經不再只是個人修行的時代，我們必須結合社會、國家與星球的力量，一起來修行。如果我們真的希望達到和平，就應該試著以無分別的方式來觀察事實。訓練自己以非二元的方式看待事情很重要。我們從自己的經驗中得知，假如別人不快樂，我們也很難快樂。這個別人，可能是你的女兒、夥伴、朋友、母親、兒子、父親或鄰居，也可能是基督教團體、猶太教團體、佛教團體或回教團體。因為我們知道安全與和平並非一己之事，所以會自然地為了集體的利益而行動。我們所做的一切，都是為了幫助朋友、鄰居與其他國家，讓他們變得更安全，更受人尊敬，同時也更有益於我們；否則，我們便會陷入自大與二元化的觀點，讓自己朝向毀滅自己與毀滅世界的方向而行動。

兩朵紫蘿蘭花

我們都知道，生命的奇蹟一直都存在——藍天、白雲、美麗的河流、雨、花、鳥、樹與兒童。昨天在行禪時，我在綠草中看見兩朵小紫蘿蘭花，非常美麗、小巧且盛開，我採了一朵，接著又採了另一朵，並且獻給兩位來自越南的法師。我對他們說：「這些花唯有在淨土中才看得到」，我確定那兩位法師了解這個訊息。因為若我們保持正念，若我們可以深入觸及生命的奇蹟，則淨土或天國便在我們眼前。事實上，淨土一直都在那裡。問題依舊是，我們可不可以觸及淨土呢？要讓我們觸及淨土，一點都不困難。只要在看的時候，在接觸的時候，在腳觸地的時候，保持正念即可。我們可以一天二十四小時都待在淨土中，前提是我們必須保持正念現前。我們都習慣性地認為這塊土地充滿磨難與痛苦，因此希望去一個沒有痛苦的地方。

在我的定義中，淨土或天國並不是沒有痛苦的地方，因為痛苦與快樂是相即的，快樂唯有在痛苦背景的對映下才可能被認出來，因此我們需要痛苦，才能認出快樂。我們深入觀察便會知道，當心中沒有智見與悲憫時，是不可能會快樂的。快樂的人是擁有許多智見與悲憫者。沒有智見與悲憫，你不可能和人產生關連，而是完全孤立的。請觀察自己並看看周遭，便會清楚地看見：充滿智見與悲憫的人，沒有痛苦，他或她是快樂的。要想真正地快樂，我們就得增長智見與悲憫。但若痛苦不存在，我們便不可能增長智見與悲憫，唯有藉由接觸痛苦，智見與悲憫才可能生起。想像在一個沒有痛苦的地方，我們的孩子將沒有機會增長他們的智見，以及學習如何悲憫。

藉由接觸痛苦，人們才能學會智見與悲憫。若天國沒有痛苦，則那裡也不會有智見與悲憫，而少了這些，你也不能稱它為上帝的天國或佛陀的淨土。這是非常清楚簡單的事。因此，我對淨土或天國的定義是，有許多機會可以讓你學習智見與悲憫的地方。當你擁有許多智見與悲憫時，便不再害怕痛苦。就好像當你是一位好的有機園丁時，便不會再害怕垃圾一樣，因為你知道如何轉化垃圾。這是不二的觀點。我昨天摘去獻給兩位越南法師的小花，是奇蹟。若我們沒有正念，就無法接觸到它們。生命的奇蹟就在那裡，當下就在我們的內在與周遭。我們的腦是奇蹟，眼睛是奇蹟，心是奇蹟，身體的每個細胞是奇蹟，周遭的每件事都是奇蹟，這一切都屬於上帝的天國或佛陀的淨土，但我們一直以來卻完全忽略這一切的存在，反而陷在憂慮、絕望、嫉妒與恐懼中；我們失去天國，也失去淨土。

第六章

自由意志的機會

◎白楊樹

當你走路時，不需命令你的左腳與右腳邁步，而只是自然與自發地走路。若你的正念介入其中，它總是會稍遲一點。問題來了：我們的意識只是藏識的傀儡嗎？若我們的意識只是傀儡，則意識只會遵從在藏識層次所做的決定，並且總在那裡進行隱密的處理與學習。我們是否有自由意志呢？

在修習正念的情況下，自由意志是可能的。你利用正念與正定獲得慧，然後藉由慧，便可能在自然法爾的基礎上做決定。你並非只是藏識的傀儡。我們擁有自主權，但必須使用這個自主權去灌溉藏識中的善種。我們的未來完全取決於藏識的價值。

業：你的身、口、意行

佛教中，我們也稱藏識為「異熟識」。「異熟」的梵文是*vipaka*，意即果報。水果的特性，例如梅子，是變異與成熟的過程。開始時，梅子又小又綠又酸，若有機會長大，則會變得又大又紫又甜，並且含有一粒種子。

我們都習慣性地認為我們是一個實體，穿越時空，走向未來。我們相信現在的自己，到了未來的某一點時，我們還是我們。但這並不符合事實，因為我們一直都在變化。密西西比河有個名字，「密西西比河」的名字還是一樣，但河一直在變化，河裡的水一直在改變。人也一樣。我們出生時，是一個非常幼小的嬰兒，體重不到十二磅，但成年後，各方面都已經變得很不一樣了。

人就像雲一樣。當我們把自己看成雲時，便有機會深入觀察與尋思雲的特性。我們可以觀想雲如何形成，以及雲如何展現自己。「雲」這個字可能帶來這朵雲或那朵雲的觀念。這朵雲不是那朵雲，並且雲不是風，不是陽光，也不是水。

假設有部分的雲變成雨，而上面的雲可能向下看，並認出她自己已經成為水流。這是有可能的。當我們把自己看成雲時，可以環顧四周，並看見我們與其他雲是相即的，其他的雲會加入我們，成為一朵大雲。我們開始看見雲的更多實相；開始看見自我的更多實相。雲可能向下看，並看見部分的雲已經演變成其他顯現形式。雲可能以地上水流的形式對她自己微笑。

生命當中的每一刻，我們都從環境接受輸入。我們接受空氣，接受食物，接受畫面、聲音與集體能量，日常生活的每一分鐘都有輸入。我們每天都從各方面得到滋養，包括從食物、感官印象、思考、教育以及集體意識。在此同時，我們又從各方面釋出能量，包括從思考、說話、行為等。日常生活當中的每一刻，你都在製造思想、話語與行為。

法國哲學家沙特（Jean Paul Sartre）曾經說過：「我們是自己行為的總和。」「業」即指行為，可以從思想、話語與行為等三方面來表現。我們隨時都在造業，所有的業都會前進到未來，因此修行時，我們應該訓練自己，在行為中而非僅在這個身體上看見自己。當然，我們的身、口、意行也會影響身體與感受。當雲往下看時，她可以認出自己已經變成水流；當我們往下看時，可以看見我們已經進入未來。我們可以在許多地方認出自己。

你不能說，當這個身體瓦解時，你便不復存在。你以許多方式繼續。當雲變成雨時，雨將以水滴的形式顯現，但當水滴落下到土地上時，可能再次加入一條河流，或者變成兩條河、三條河，而這都是相續。

三業

業有三種，包括思想、話語與身體的行為。說身體瓦解之後就什麼也不剩，是很不科學的。十八世紀的化學家安東尼・勞倫・拉瓦錫（Antoine Laurent Lavoisier）曾說：「既沒有東西出生，也沒有東西死亡。」你的身體瓦解之後會發生什麼事，答案是：你藉由你的思想、話語與身體行為而繼續。若你想知道未來會怎樣，只要看看這三種業，就會知道。要看見業，不必等到死後，現在就看得到，因為每一刻你都在創造自己，並且創造自己的相續。每個思想、每句話語與每個行為都帶有你的印記——你無法逃脫。若你製造了某樣不太好的事，你無法收回，因為它已經開始進入未來，並開始製造一連串的作用與反應。但你總是可以製造一些不一樣的事，一些正面的事，你的這個新的身、口、意業將會修正先前負面的業行。

當我們內省，知道當下正在發生的事時，便有能力改造我們的相續。就在當下，我們擁有改造相續的力量。我們的相續不會是未來的事，而是就發生在當下，所以，你還是有決定自己未來的自主權。若你做了某件善事，你很高興的說：「我可以繼續製造更多這類身、口、意業，因為那將確保我與孩子有個美好的未來。」若你偶爾做了一些惡業，也將知道你應該反其道而行來加以糾正與轉化。自由意志在當下是可能的。

假設昨天我對弟弟說了一些不太好的話，但話已出口，事已造成，對我和弟弟的內心都已經造成傷害。今天早上醒來，我知道自己造了傷人的業而想加以矯正，於是決定今天遇見弟弟時要說一些不一樣的話。我的話是發自智慧、悲憫與愛，這番言語是現在而非昨天造成的，但卻會碰觸到昨天我說的話，並予以轉化與更正。剎那間，我感覺療癒在弟弟或同事的心中發生，因為第二個行為也帶有我的印記。

又假設早上有個人很不耐煩地對他的孩子咆哮，這是個錯誤，是個負面的行為。假設這個人晚上做了一件很好的事，他救了一隻狗，使牠免於被車碾過，這是很好的行為。每個行為都是種在他藏識裡的種子，沒有任何行為、思想或話語會喪失，因此綜合這兩種業，那個人會走向哪裡呢？

要知道你的去處與走向，只要看藏識中的種子價值，就會知道自己的道路。一切都取決於你的業，也就是你的身、口、意行。除了自己之外，沒有任何人能決定你的未來，這便是「異熟」。

每次你製造一個思想，那便是業。佛陀勸誡我們修習正思維，亦即朝向無分別、悲憫與智見的思維。我們知道每個人都能夠製造悲憫與無分別的思想，每次只要我們製造了這種思想，就會對自己與世界產生好的影響，而好的思想具有療癒身、心與世界的作用。那是業。若你製造憤怒、仇恨與絕望的思想，對你的健康與世界的健康都是不好的。注意力扮演很重要的角色，生活的環境與注意的對象，將決定你製造善念並朝向正思維方向發展的機會有多少。

你所製造的每個思想，都帶有你的印記，你無法說那不是你，你得為那個思想負責，因為這是你的相續。你的思想是存在與生命的要素，一旦被製造出來，就一定會繼續，永遠不會喪失。我們可以將思想視為一種能量，在世間會有一連串的反應，因此我們最好記得每天都要製造許多善念。我們知道，只要我們希望，便可以製造悲憫、智見、友愛與無分別的思想，每一個都帶有我們的印記。它們就是我們，是我們的未來，永遠不可能喪失。悲憫、友愛、智見與愛的思想，毫無疑問地具有療癒的力量：療癒你的身、心與世界。自由意志是可能的，因為你知道，在佛陀的幫助下、在僧團法友的幫助下，以及在所學佛法的幫助下，你可以製造出這種思想。

你所說的話也帶有你的印記，這也是你的業。你的話語可以表現智見、愛與寬恕。當你使用正語時，便具有療癒的功效。正語擁有療癒與轉化的力量，可以被運用在任何時刻。你心中有悲憫、智見與寬恕的種子，請讓它們顯現。你現在就可以停止閱讀，去打電話給某人，使用正語，表達悲憫、同情、愛與寬恕。你還在等什麼？這是實際的行動。藉由修習愛的話語，你與對方可以立刻達成和解。正語是朝著寬恕、智見與悲憫的方向走。現在就拿起電話，立刻行動。行動之後，你會感覺更好，對方也會感到更好，和解於此時立即發生。你所製造的思想與說過的話將會一直存在，成為你的相續。

怎麼做才能解除痛苦呢？哪種行為可以每天做以表現悲憫呢？身體的行為是相續的第三個面向。我們知道自己能為保護人們、動物與環境而做些事情。我們今天就能做點事情，拯救生命。這可能只是一些小事，例如提供食物或衣服給需要幫助的人。我們每天都受制於業，在各種大大小小的事情上，以致於經常覺得自己好像沒有自由意志或主控權。

不生不滅

你必須為生活中每一分鐘所製造的身、口、意業負責。波浪畫面的例子可能有助於了解這一點。你看見一個波浪顯現，一個充滿能量、希望、野心的年輕人，那個年輕的波浪不斷前進。當你達到波浪頂峰時，開始往下走。當你往下走時，也會產生一種力量，這是一種雙重的力量：第一重是業的能量，第二重是執著的能量。當你成為往下的波浪時，也具有這雙重的能量，這股能量是非常動態的，是你顯現出這個形式的基礎，也是環境顯現出這個形式的基礎。

看著海平面，你也許認為波浪升起是開始：波浪出生；而落下是結束：波浪死亡。但若我們考慮這雙重力量，便會知道這個能量並非毫無來由的，而是應該有個力量推動波浪從海平面上升。若有力量存在於所謂波浪出生之前，意味著你過去便已經存在，你是過去另一個波浪的相續，因為在你之前必定有個推力很強的波浪，所以你才會出生在這裡。因此，波浪的升起並非其真正的誕生日，而是它的相續日。當波浪瓦解時，它並沒有死，也沒有任何東西喪失。

我們對於相續的了解，並不會和佛陀的無常教法相牴觸。若你相信有個永遠維持不變的靈魂，離開一個身體，穿越時空進入另一個身體，便陷入了恆常自我的觀念。佛陀主張沒有任何東西喪失，沒有任何東西會斷滅，但他也說沒有任何東西會永遠維持不變。

當我們尋思「生」與「死」的字眼時，我們相信在表象之下，有個出生與死亡的實體。但若我們跳脫「生」這個字，便有機會尋思生的實相。我們心中皆傾向於認為出生真正的意義是：你原本不是任何東西，突然間你成為某樣東西；你原本不是任何人，突然間你成為某個人。這是我們一般對於出生的概念：你原本並不存在，然後突然間你存在了。

想想一張紙，就說你現在所看的這張紙。這張紙被認為像我們一樣，有個生日：在造紙廠中出現紙張形式的那一天。但紙只是一個字，是一個名稱，我手上拿著的紙才是真實的。在這張紙成為紙的形式之前，它還是某樣東西。是許多事物湊在一起，才造就了紙的這個形式。我們可以看見樹與森林，看見照在樹上的陽光，看見落在樹上的雨，看見紙的紙漿原料，看見工廠裡的工人，所以你不能說這張紙毫無來由。深入觀察，你便會看見紙張從未出生。我們稱紙出生的時刻，只是相續的一刻，在此之前，紙曾經是別的東西。

因此沒有任何東西會死亡，因為沒有任何東西真正出生過。我們在母親子宮受孕的那一刻，並非開始存在的時刻。我們在母親、父親與祖先之前便已經存在，我們並非毫無來由，而是一個相續，就像地上的流水是天空中雲的相續一樣。流水並未出生，只是雲的相續。

許多人聽到「死」這個字時會感到恐懼，因為我們認為死亡意味著自我的斷滅。

死亡意味著從有到無，你從某個人變成不存在。但我們其實就像雲一樣，雲是不可能死亡的，雲可能會變成雨、變成雪、變成冰或變成水，但雲不可能變成不存在。

在我們心裡，出生的意義是：你原本不是任何東西，突然間你成為某樣東西；你原本不是任何人，突然間你成為某個人，這是我們對於出生的定義。但深入觀察，我們看不到這樣的事。雲並非毫無來由的出現，而是來自湖、河、海洋與熱氣，只是某樣東西的相續。當雲死亡時，你說雲「死亡」，你認為這意味著某種東西突然間變成不存在。但若你深入觀察，便會了解，雲是不可能死亡的。雲可能變成雨、雪或冰，但你沒辦法殺死雲，讓雲變成不存在。雲的本質是不生不滅的，會以其他形式繼續，不可能變成不存在。因此當你拿著茶杯，充滿正念地喝茶時，你認出昨天所思維的白雲——你那美麗的雲，現在就在你的杯子裡，你正在喝你的雲，你正在接觸雲那不生不滅的本質。

若所愛的人死亡令你哀痛不已，請使用佛陀的觀智。你所愛的人不可能死亡，若你集中精神，便會認出他，你會以其他形式認出她。因為看不到天上的雲，所以你哭泣，但你所愛的雲已經變成雨，喜悅地落在地面上，並輕叱你：「親愛的，親愛的，你看不到我嗎？我在這裡。」請以她的新形式——雨，認出你所愛的雲來。

當你敲鐘時，震動劃過空氣傳給你。別以為鐘聲已經從一處轉移到另一處，那是業或相續的作用。一切你所想、所說與所做的事，都已經開始延續你。那只是相續，而不是某樣東西從那裡移轉到這裡。我們可以讓相續變得很快樂，變得令人愉快。我們生日時，說：「相續日快樂。」而非生日快樂，因為每天都是相續日。透過正念，我們可以確保自己的相續是善與美的。

剎那相續與週期性的無常

我們的相續不應該被誤以為是恆常。雖然波浪以其他形式繼續，但每一個波浪也都是瞬間即逝的。

無常可以用兩種方式來理解。第一，每一刻的無常是「剎那相續的無常」，我們必須看到每一刻的生與死。另一種無常是「週期性的無常」，我們看見每天的身體衰變。但無常之下是相續。若將波浪視為一個整體，你便看見週期性的無常。

回到心識的電影式本質。當你在看影片時，看見了影片的開始與結束，並且看見週期性的無常：影片不再存在，你看見「劇終」的文字。但影片也是由個別的剎那所構成，畫面彼此連接，使人產生這是一個實體或自我的印象。我們可以同時看見週期性的無常與剎那相續的無常。

業也可以用兩種方式來理解：週期性的業與剎那相續的業。週期性的業將我們的生命視為一個整體，並看見來世是此世的果報，這是週期性的異熟。但業也發生在每一刻，此刻是上一刻的異熟。因為我一分鐘前教的東西已經對此刻的你與我產生影響，就像當下這一刻的蠟燭，發出光、熱與香氣，蠟燭發出的光照亮外面與周遭的世界，同時也照亮著自己。燭光照在蠟燭上，也照在其他事物上。

同樣地，我們在每一刻都產生思想、語言與行為。我們的身、口、意行對於世界與自己都有影響，世界也是我們，因為此刻當我們說話時，便已經走出自己，進入世界。我們一直在將自己投射到世界，我們不只在這裡，也在那裡。

你所想、所說與所做的任何事，都會對周遭與內在造成影響。你不只在自己裡面，也在身體外面。好的禪修者不只在這個身體裡看見自己，也在身體外看見自己。你能看見身體外的自己嗎？如果可以，便已經具有觀智。你不只在裡面繼續，也在外面。三業的能量就在當下產生影響。

你一製造思想，那個思想便會立即影響你。當你生起悲憫或慈愛的念頭時，身體的每個細胞都接收到那個美妙的能量；而若那是瞋恨或絕望的念頭，便將立即對你身體的每個細胞與心識造成不好的影響。假設你開了一張空頭支票，當下也許看不到後果，但一、兩周後，你就會很清楚地看見了；或者如果內閣成員貪贓枉法，他也許能繼續保有官位好幾年，但東窗事發時，他便得鋃鐺入獄。因此，我們所做的一些事情，也許很久之後才會有果報。我們區分兩種業：當下很快報應的業，以及晚一點才報應的業。

越南有一首詩偈是這樣寫的：「身外『非身法』亦身，我外『非我法』亦我。」

你必須將女兒看成你自己，將兒子看成你自己，將所建設的東西看成你自己，並將所破壞的東西看成你自己，因為這一切都是你身、口、意的業果。我們應該學習如此觀察自己。當你能超脫這個身體而看見自己的相續時，便開始看見自己。被你視為在你之外的非我元素，其實也是你。你希望確保自己的相續很美好，是可能的。若你能看見這些因緣和合的連鎖反應，就不會說：過了這點之後，將什麼也不會剩下。因為我們很清楚地知道，沒有任何東西會喪失，一切都會繼續。

當我們能看見當下正在發生的事時，也會知道所謂「死亡」時所發生的事。當然有相續，但相續不需等到死亡來臨的那一刻才看得見。相續就發生在當下，我們每一刻都在轉生。

意識與自由意志

當意識單獨運作時，可能是專注或分散的。分散是指你允許自己被情緒牽著走。當我們覺得生命失控，好像沒有任何自主權時，是處於分散的意識，你無法控制自己的身、口、意行。我們不希望自己充滿瞋恨、憤怒與分別，但有時習慣的能量很強，以致於我們不知道如何加以控制。你的思想中沒有慈愛、智見或悲憫，因為你較好的一面是弱勢的。就像早上對著孩子咆哮的人一樣，你的身與口做出了專注時所不會做的事，你失去你的自主權。

當我們深入觀察時，已經可以想像自己是處於控制良好的情況下，而非只是習氣的受害者。專注帶給我們自主決定的自由，讓我們有一些自由意志的可能。

當我們的能量分散並且容易發怒時，在理智上也許知道憤怒是無濟於事的，但卻覺得停不下來，因此，自由意志的問題不只是理智上的。有時候人們認為感覺只是腦部釋放的化學變化。你生氣或變得暴力，只是由於腦部釋出了一些化學物質。但其實是我們的思想與行動造成這些化學物質，而它們的釋放方式，如大量釋放或少量釋放，大多取決於我們的生活方式。

如果我們知道如何正念地進食、適當地飲食、正確地思考，並以平衡的方式過每天的生活，那麼這些化學物質的釋放只會帶來幸福。如果我們的生活充滿憤怒、恐懼與仇恨，無疑地將會影響我們感知器官釋放神經細胞與化學物質，使得我們的腦與識變得不平衡。我們可以用深入觀察的智慧，去決定這些元素如何運作。你不能說這些元素不是心，它們就是我們的心。

在佛教中，我們說這個身體就是你的心識，使用梵文*namarupa*來表現。*nama*的意思是「名」或「心」，*rupa*的意思是「色」或「身」，並非兩個分開的實體，而是一體的兩面。

我們知道每個人都有負面的習氣，這促使我們思考、說話與做事，理智上我們知道那將會帶來傷害，但我們仍不顧一切地思考、說話與做事，那是習慣的能量。當習氣生起，促使你去思考、說話與做事時，此時便是修習正念的良機。「嗨，我的習氣，我知道你正在生起。」這將會造成改變。你知道自己並不想成為習氣的受害者，而正念的介入將會改變情況。

意識可以做的第二件事，是學習正面的習慣。你可以訓練自己每次聽到鐘聲時便停止：停止思考，停止做事，而且你這麼做會得到其他共修成員的支持。幾週內，這就會成為一種習慣。當你聽到鐘聲時，自然會停止思考，並享受吸氣與吐氣，這是正面的習慣。我們可以創造與培養正面習氣的事實，證明自由意志是可能的，自主權在某種程度上是可能的。藏識與其中的習氣，是你日常生活身、口、意行的基礎。你思考、說話或做事，背後其實有藏識在支配你的行為。藏識裡的種子特質對此非常重要。你心中有一些智慧與悲憫，但也有一些憤怒與歧視，結合我們的教育與修行，我們可以認出在無意識的層次上存在著一個機制，會促使你走路、坐下、起立、思考、說話與行動。

當意識開始運作時，正念的能量可以被喚起，突然間你便能覺知正在進行的事。走路的意欲，跨步的意欲，可能在生理循環的層次上生起，而覺知到那個意欲是有可能的。「吸氣，我知道我有吸氣的意欲」，在吸氣之前，你已覺知到吸氣的意欲。在正念的介入下，情況可能改變。意欲雖然已經生起，但正念還是可以用非對抗的方式改變軌道。正念讓心中其他的種子——正面的種子，變得可能顯現。在藏識裡，我們有盟友。

正念是邀請者，是相信土壤有孕育花、果能力的園丁，有時候也可以扮演啟動者的角色。假設你覺知到愛人正坐在面前，吸氣，我知道愛人正坐在面前，這對我來說很重要。她是活的，就出現在我面前，如果我能對她說些美善的話，將會很好，因為明天我可能就不在這裡而無法說了。然後，你看著她，說：「親愛的，我知道你在這裡，我好高興。」因此，正念可以作為原動力，啟動一些思想、話語或行動。所以我們才說正念可能晚點出現，或者假如我們希望的話，正念有時也可以是一些思想、話語或行動的啟動者。了解這個過程，我們便有機會得到自由。偉大的自由就是從這些微小的自由開始，而它們是由正念所造成。

回復你的自主權

對我來說，正念是達到自由或自由意志第一個真正的機會。在分散的狀態下，我們的心脫離身體。我們的身體可能在這裡，然而心卻在過去或未來，陷入憤怒、焦慮或計畫中。心與身是分離的，藉由正念呼吸，我們把心帶回身體。在英文中，我們稱此為「把自己兜在一塊兒」，意即你成為更好的自己，恢復了自己的一些自主權，並且知道，當你能把自己拉回來時，其中便存在著一些念與定。你完全安住在當下，並覺知正在進行的事，而不再是境——身體的境、藏識的境與環境的境的受害者，因此，正念才會顯得這麼重要，可以幫助我們覺知正在進行的事，幫助我們啟動一些事，幫助我們恢復或回復我們的自主權。

在正念的幫助下，我們停止成為習氣的受害者。我們並非對抗內在的習氣，而是逐漸覺知並溫柔地擁抱。藉由修習正念呼吸，我們逐漸覺知習氣正在生起，因此可以對自己說：「啊！我親愛的習氣，你是我的老朋友，我對你太熟悉了，我將好好地照顧你。」藉由這種正念，你保有自己的自由，不再是習氣的受害者，並且知道如何善用許多因緣，才能讓你的正念變強。修習正念的團體、鐘聲與行禪，都是很好的助緣。

藉由意識，以及修習正念，我們可以把過去帶到現在。我們還是安住在當下，並不是讓自己迷失在過去中，而是可以把過去帶到現在，以便於檢視、觀察與研究。安住於正念中，你可以順利回顧以前發生過的事，「每次我那麼做，便會這樣或那樣。」你可以觀察因果法，透過這個方式，意識能夠從過去學習。從過去學習將帶給我們自由，是幫助我們做出好決定的要素，那些決定將幫助我們不會在現在或未來受苦。意識可以幫助我們學習過去與未來的事，因為未來是當下可見的。我們知

業力覺醒

——揪出我執和自

作者／圖丹・卻准（Thubten

定價420元

達賴喇嘛弟子圖丹・卻

輪修心法》，善用懺悔

藉由法護大師的開示及作

的逆緣（不合己意之事）

內心無明、瞋心和執取的

我中心」和「我執」解脫

藥，發心利益眾生，將不

見善知識。

（藏譯中）菩提道次第廣論

——抉擇空性見與止觀雙運篇

作者／宗喀巴大師（Tsongkhapa）　譯者／李勝海、陳智音

定價800元

佛學鉅作・全新譯本★由藏文直譯為現代中文！

打破順序・直指核心★從證悟根本開始，讓研讀有所銜接！

《（藏譯中）菩提道次第廣論》旨在幫助所有根器與心性不同的眾生，一步步經過修學、邁向成佛解脫之道！此新譯本共三冊，本書是為第三冊，講述空性見、觀的修法以及止觀雙運，採用現代漢語的語句結構、輔以現代佛教研究的成果，並以藏文《四家合註》來解除疑難問題！

禪者的初心

（暢銷全球五十週年紀

作者／鈴木俊隆（Shunryu Suzuki）

定價300元

二十世紀百大最佳心靈類書籍、A

傳奇人物賈伯斯的修行啟蒙，此

鈴木俊隆禪師用最簡單的語言，

禪，探討如何在修行生活和日常

指導人們如何修行，說明何謂禪

為前提的，並且鼓勵讀者去實證

「禪心」。

[redacted]

業力神諭占卜卡

遇見你自己・透過占星指引未來！

作者／蒙特・法柏（MONTE FARBER）

譯者／吳亞彝Hema、徐彬Nara

定價990元

★ 精裝書盒+36張業力神諭卡+卡牌收藏袋+說明書

★ 翻譯成十四種語言，暢銷全球逾三十多萬套

★ 成千上萬的人依循業力神諭占卜卡的指引，解決愛情、財務、家庭等人生難題

結合高我及占星學重要三元素「行星、星座、宮位」之智慧精華的工具！

提供2種面向、3種層次答覆的牌卡，跟隨它的訊息找到未來的正確方向！

每張牌卡，均有兩種面向（結果與行動）與三種層次（靈性、心智與身體）的簡短詞彙，連結牌卡上的詞彙才能得到答覆。這正是此套牌卡與常見塔羅牌最為不同之處。藉由牌卡上的訊息，不僅能讓自己勇於面對挑戰，更可以遇見更為深廣的自我。

延伸閱讀

巴哈花精情緒指引卡：
花仙子帶來的38封信——個別指引與練習（精裝書盒+38張花精指引卡+卡牌收藏袋+說明書）
定價799元

日本神諭占卜卡：
來自眾神、精靈、生命與大地的訊息（精裝書盒+53張日本神諭卡+牌之奧義書+卡牌收藏袋）
定價799元

花仙療癒占卜卡：
42張花仙卡+書+花精音樂CD+絨布袋
定價799元

教導與帶領的方是超級至⋯⋯探索與找到希塔療癒核心。我們
學習到更多感覺、信念和挖掘工作，及理解許多存有七界的
息，幫助我們越有效率地連結到最高頻率的愛與一切萬有造物
的愛與光，加快地運用一切事物的力量，在身體、感覺和靈性
獲得提升，翻轉信念、改變人生！

濟公禪緣

——值得追尋的人生價值

作者／靜觀
定價300元

濟公道是一門人生的課程，提⋯⋯我的力量。

濟公禪師的法門是生活法，它沉程⋯⋯中，表現在與人說話及應對，卻不⋯⋯在日常問題的參悟裡，找到人生的⋯⋯題裡學會如何與人為善、解脫煩惱⋯⋯在信仰裡，可以學會改變人生的方⋯⋯

光之手3：核心光療癒

——我的個人旅程・創造渴望生活的高階療癒觀

作者／芭芭拉・安・布藍能（Barbara Ann Brennan）　譯者／呂忻潔Rasarani
審校／心夜明　定價799元

這「核心之光」——就是你自己！

布藍能是21世紀最具影響力的療癒權威，在前作《光之手》與《光之顯現》提出「人體能量場」理論，帶領我們進入「雙手療癒」的嶄新領域。再透過《核心光療癒》的認知與學習，顯化內在核心光芒的「創造過程」。光、愛與生命的更深層源頭，包括內在的美善及黑暗——進而運用生命核心所湧出的創造性能量，開創你終其一生渴望已久的生活。

證悟的流浪者

巴楚仁波切之生平與言教

作者／馬修・李卡德（Matthieu Ricard）
譯者／普賢法譯小組
定價580元

**十九世紀以實修而達到最究竟了悟的偉大行者。
一百多篇故事，一窺兩百年前巴楚仁波切智慧謙和、堅忍不屈、促狹淘氣、慈悲憐憫的各種真實面貌。**

巴楚仁波切被視為藏傳佛教中最為純粹的理想典範，他一生潛心修行並寫下許多論典，其中最著名著作《普賢上師言教》不只被藏傳四大教派推崇，更是藏傳弟子的必讀之作。

作者馬修・李卡德耗時三十年，走遍西藏，遠赴不丹、尼泊爾，記載多位上師記憶中的巴楚仁波切。將巴楚仁波切的「慈悲之心」、「堅毅精進性格」、「謙和自在」等多種面貌書寫於書中，鮮明地呈現於讀者的眼前。

成就者傳記系列

大成就者傳奇：
54位密續大師的悟道故事
定價500元

藏傳佛法最受歡迎的聖者：瘋聖竹巴袞列傳奇生平與道歌
定價380元

法界遍智全知法王：
龍欽巴傳
定價380元

橡樹林全書系書目

橡樹林好書分享

橡樹林

道，未來只能由現在構成，構成未來的素材是現在，因此，深入觀察現在，將可令我們看見未來。若現在具有安穩、和諧、正精進與正念，則應知未來一定會很好；但若我們現在只是習氣的受害者，則應知未來一定不會那麼好。我們現在便已經可以看見未來，就是因為這樣，正念才不只可以揭開現在，也可以揭開過去與未來。

也許有人很難泰然自若，無論是開會或被挑釁，都會發火。某天有人前來對他說：「再試一次，這次你可能會成功。」但他拒絕嘗試，因為他從經驗得知，每次開會，他都會發火，於是認為自己生性便是如此。但這個朋友說：「嗯，我會支持你，那將有所不同。我會握著你的手，當你感受到手心的壓力時，就重新回到正念呼吸，什麼話也別說。」就這樣，朋友先訓練他，然後他們一起去開會。整個會議期間，朋友都握著他的手，一旦狀況出現時，朋友就壓他的手心，他已經知道要練習正念呼吸，因此便保持正念，吸氣與吐氣，什麼話也不說。也許這是他此生第一次沒有在會議上發火，因為有新的正念元素進入了他的生命。

這位善友一直在修慈心，他看見你的痛苦，所以過來支持你，他是覺悟的助緣，也是改變的助緣。佛陀、諸菩薩與一切修習悲憫與智見的人，一直在嘗試提供人們助緣，因此他們可以介入我們的生活。有時候是你自己，有時候是朋友，會為你帶來覺悟的助緣。改變來自內在，也來自外在，但無論如何，改變真的會出現，將給每個人一個達到自由意志的機會。

個人與集體的業

每個人都有擁有自由意志的機會，但我們無法獨自擁有，因為個人的業和環境與我們集體的業相互依存。之前我們舉了蠟燭發光的例子。蠟燭不只發光，也提供熱、香氣、水與碳，這是蠟燭對環境的奉獻。蠟燭所創造的東西也會影響蠟燭本身，蠟燭發出的光將迴照蠟燭本身，你可以藉由蠟燭發出的光清楚地看見蠟燭。熱將造成蠟熔解，使它更容易吸收燃料，蠟燭供給的每樣東西，自己也都收得到。

假設有第二根蠟燭也會發光照亮自己。我們可以將第一根蠟燭的光想為個人，但你知道，它的光也會達到第二根蠟燭，因此蠟燭的光並不完全是個人，也不完全是集體，只是程度的差別而已。沒有完全的個人，也沒有完全的集體；部分在整體中，整體也包含部分。來自蠟燭的光是集體顯現，是結果，不是一根蠟燭的，而是兩根蠟燭的。想像一千根蠟燭同時點燃，光是集體發出，一切蠟燭的集體顯現。

當你來到梅村這個我所居住的正念社區時，你提供個人個別的能量。你思考的方式與內涵，說話的方式與內涵，行動的方式與內涵，都將對梅村的氣氛產生貢獻。若你的思想是悲憫與安忍的，就會對梅村的美麗、和平與愛做出正面的貢獻；但若你的思想充滿偏見、憂愁與瞋恨，那麼你將無法做出正面的貢獻。因此，每件事情都同時是集體與個人的，集體是由個人構成，而個人也是由集體構成。

你以為眼睛只屬於你，但從集體顯現的角度來看，這是不對的。回想公車駕駛的例子。公車駕駛的視神經似乎是他自己的所有物，但乘客們的生命也得依賴它。集體與個人是相即的，因此，業也可以從集體顯現的角度來看待。

有一部分的報是個人的，這基於你的身、口、意，但它也是集體和環境的。看森林，你知道，樹提供氧氣給你，因此你視自己為森林或樹，因為沒有它們，你就無法呼吸。你了解，樹與森林是你身體的一部分，因此大都市裡總會有一座中央公園，這座公園是我們的肺，是每個人或每個市民集體的肺，否則我們將沒有足夠的氧氣可以呼吸。有一座公園非常重要，那座公園是我們這個身體之外的肺。

我知道身體裡有一顆心臟，若體內的心臟停止跳動，會立即死亡，因此，我嘗試盡一切努力去保護與維護心臟。但當我看著紅色的太陽，並吸氣與吐氣時，我看見太陽是我的另一顆心臟。若太陽停止運作，我便會立即死亡，所以我才會將太陽視為我的心臟。❁ 當你如此修行時，你了解自己並不侷限於這個皮囊裡，你看見了環境就是你。所以才說報應的第二個面向是環境，照顧好環境，就是在照顧你自己。

《金剛經》教導「四相」，我們必須去除這四種錯誤的感知，才能看得清楚。第一種相是「我相」，這並不難理解，因為我們知道，「我」只能由「非我」的元素構成。第二種相是「人相」，我們知道，「人」只能由「非人」的元素構成。第三種相是「眾生相」，通常我們區分生物與無生物，後者即植物與礦物，我們很明白如果污染礦物並殺害植物，那麼動物將無法繼續存活於世上；若我們污染礦物界，則植物將失去繁衍的機會，也就無法為動物界提供食物。因此，這種觀點有助於你了解身體既是植物，也是礦物，保護環境，就是在保護自己。需去除的最後一相是「壽者相」，我們執著於在世上約有八十年左右壽命的概念，但這個概念並不符合事實。洞見不生不滅，將有助於我們去除「壽者相」。

你的環境是集體的，而你自己也是集體的顯現，其他人的生命非常依賴你看清道

❁詳細請見，一行禪師著，《觀照的奇蹟》（*The Sun My Heart*, Berkeley, CA:Parallax Press, 1988），橡樹林文化出版。

路的能力，你的生命也依賴他人提供生活的條件，因此，你的眼睛是集體的顯現，你的心是我們所有業報的一部分。

在梅村，我們使用蓮花的標誌。蓮花裡有一間小寺，寺外圍有三個字：念、定與慧。我們的修行，是修解脫行。身為正念行者，你必須相信解脫是可能的。我們的信念並非建立在抽象的觀念上，環顧四周，看見我們的師兄、師姐與同修們，有些人現在已經獲得比三年前更多的解脫，因此，我們的信念是建立在直接體驗上，而非只是期望性的想法。若我們反觀自己，也看見了今天比昨天又多了一點解脫。

我們的修行是要達到身心一如，以提升自己。我們存在的品質，取決於念、定與慧的能量，憑藉這股能量，可以去除許多過去一直束縛或阻礙我們的障礙。我們可以說，成佛之道就是解脫之道，自在、解脫或離苦，是可以於日常生活中觀察到的。檢視自己或師兄、師姐們，我們注意到有進步，有個解脫的過程正在進行著，並且可以在解脫道上相互提攜。我們的修行不是只為個人自在，而是為了集體的自由與解脫，我們知道這是有可能的。

第七章

快樂的習慣

◎一行禪師寫書法

如何學習無我的修行呢？當你初次學習一些事物時，你用自己的意識去了解，一段時間後，就會變成一種習慣，此時你的意識再也不必覺知。習慣的形成有一個過程，一種自動化的傾向，並且使用我們的藏識，因此即使你不注意正在做的事，也可以正確地做到，例如走路。當你走路時，心也許完全沉浸於思考其他的事情上，然而眼識與藏識的合作已經足以讓你避免發生意外。

培養正念的習慣

我們用資訊轉入藏識的過程去創造習慣。若你過度操作意識，就會老得很快。你的憂慮、思考、計畫與盤算，需要許多的能量。古代中國有個名為伍子胥的人，因為一夜的憂慮與擔心，到了早上頭髮全都轉白了。別那麼做！別過度使用你的意識，那會消耗掉許多能量。「存在」比思考更好。

這並不表示我們失去正念，而是正念已經成為一種習慣，使得我們可以毫不勉強地修行。我們可以在意識的層次，訓練自己培養正念的習慣，然後滲入藏識，創造藏識層次的正念形態。正念有能力刺激腦部，以新的方式從事感知，因此我們不是只在自動導航的軌道上運作。我們可能重新設定藏識以正念而非散念去回應嗎？可能將快樂的習慣注入我們的藏識嗎？

要這麼做，就必須學習用我們的身體與藏識，而非用意識，去學習正念的課程。我們要學習的課程是，必須把身體看成心識。修行必須將我們的身體納入其中。你無法只是用心修行，因為你的身體是心識的一個面向，而你的心識則是身體的一部分。

當藏識與根識（我們也可以稱之為身識）協調一致時，比較容易培養快樂的習慣。當我們剛開始修行時，一聽到鐘聲，就得努力專注，努力享受鐘聲，努力修正念呼吸，以及努力安定自己。我們耗費了許多能量，但修行了半年、一年或兩年後，它自然會發生，心不必再介入了，鐘聲直接透過耳識進入藏識，成為自然的反應，我們再也不必像開始時一樣努力或耗費許多能量，修行就這樣成為一種習慣。當修行成為一種習慣時，我們無須在意識的層面上做太多努力。由此可見，好的修行可以轉化無用的舊習慣，也可以創造好的習慣，從此之後，我們再也不必使用意識來做決定，而只是自然地修行。我們當中有許多人都不必做修正念呼吸的決定，當聽到鐘聲時，就自然而然地修正念呼吸，並且樂在其中。因此，一旦行為成為習慣，所需耗費的能量就會減少。

正念是喜樂的修行，而非讓生命變得更辛苦。修行不是做苦工，而是一種喜樂。喜樂可以成為一種習慣。有些人只有痛苦的習慣，有些人則已經培養出微笑與快樂的習慣。快樂的能力是我們最應該培養的事，因此請歡喜地走路，歡喜地靜坐，為了自己，為了祖先、父母、朋友、愛人與所謂的敵人，而歡喜地靜坐與走路。如佛陀般走路，這就是我們的修行。要如佛陀般走路，我們不需通達一切經典，不用通達三藏十二部。不需要，除了雙足與覺識，我們什麼也不需要。我們可以正念地喝茶，正念地刷牙，正念地呼吸，以及正念地行走，可以滿懷喜悅地完成一切，沒有任何對抗或努力，這便是一種喜樂或享受。

真正的快樂來自於正念，正念幫助我們認出許多當下可用的快樂因緣，禪定則幫助我們更深入地接觸這些因緣。藉由念與定，慧將生起。藉由深入的慧，我們將去除錯誤的感知，並可以維持解脫許久。藉由深入的慧，我們再也不會發怒、絕望，可以享受生命中的每一刻。

有些人需要一些苦，才能覺察快樂。當你實際受苦時，才會看見不苦是美好的。但有些人不需要痛苦，依然能夠了知不苦即是快樂，即是美好的。藉由正念，我們逐漸覺知周遭所發生的痛苦。許多人無法像我們一樣能夠平靜與安全地坐著，因為炸彈或火箭隨時可能掉在他們頭上，例如中東或伊拉克，他們渴望和平，希望停止殺戮，但卻無法如願。許多人有機會可以像這樣安全無虞地坐著，遠離痛苦的處境，但卻似乎不知感恩。

正念幫助我們覺知周遭正在發生的事，剎那間，我們知道如何珍惜和平與快樂的因緣。正念是當下可用的。要了解痛苦，不需要到別的地方去，只需保持正念。無論你在哪裡，正念都可以幫助你體會世間之苦，並且了解許多為你而存在的快樂因緣，你會感到安全、快樂、喜悅、堅強，能夠改變周遭的情況。

絕望的感覺是生物所可能發生最糟的事。當你絕望時，會想要以自殺或殺人來表達憤怒。許多人想用死來懲罰別人，因為他們承受了太多的苦痛。怎樣才能提供他們一滴慈悲的甘露呢？怎麼才能把甘露滴在他們那充滿憤怒與絕望的心上呢？修習正念不只能觸及滋養與療癒人心的生命奇蹟，也能觸及苦，讓心充滿悲憫，使得我們成為大悲觀世音菩薩的化身。我們永遠可以像觀世音菩薩一樣濟世助人，將慈悲的甘露帶入絕望的困境中。

培養快樂的習慣

基於前面學過關於身與心的教法，接下來我打算提供幾個關於修習定、念、與慧的法門，包括：三種定、六波羅蜜、建立和合僧與無分別，這些教法都是佛教修行與快樂祕訣的核心，彼此相互依持。若你的定夠強，便會有所發現，就會獲得慧。你必須達到身心一如，完全活在當下，這是念。若你處於那種存在狀態中，則你可能達到定。若你的定夠強，你會有所突破而達到快樂。

三種定

有三種不同的定。

空

第一種定是「空」。這裡的「空」是定，而非哲學。「空」並不是試圖描述實相，而是作為一種工具。我們必須善巧地處理空的概念，才不會陷入那個概念中。空的概念與空的智慧不同。舉蠟燭為例，為了點燃蠟燭，必須先點著火柴，因為你需要火。火柴只是工具或手段，沒有火柴，便無法生火，所以你的最後目標是火，而非火柴。佛陀提出空的概念，因為他必須使用概念與文字來溝通。

善巧地使用空的概念，你便可以生起空的智慧。一旦火出現，就會燒毀火柴；一旦空的智慧顯現，就會除去空的概念。若能夠善巧地使用空的概念，你便會有空的智慧，並解脫「空」這個字。我希望你們能看出空的概念與空的智慧之間的差異。

「定」並不是教理，不是試圖描述實相，而是幫助你達到實相的善巧方便。就像指向月亮的手指，月亮很美，而手指並非月亮，若我的手指一比，說：「親愛的，這是月亮」，然後你抓住這根手指，說：「啊，這是月亮！」你並沒有看到月亮，因為你執著手指，所以無法看見月亮。佛陀的法是手指，不是月亮。

《心經》說：「色即是空，空即是色」，這是什麼意思？觀世音菩薩說，諸法皆空。我們想問他：「菩薩先生，你說諸法皆空，但我想問你：『空掉什麼？』」因為空總是空掉某種東西。那是摧毀「空」這個字，以獲得「空慧」的善巧方便。想像一個玻璃杯，我們同意它是空的，但問這個看似無用其實不然的問題很重要，「空掉什麼？」空掉茶，也許。「空」意味著空掉某種東西，就像識、想與受。「受」意味著感受某種東西，「識」意味著識別某種東西，「念」意味著覺知某種東西。存在那裡的客體，同時也是主體。不可能沒有心境而有心，這既簡單又清楚。因此我們同意，這個玻璃杯是空掉茶；但我們不能說這個玻璃杯空掉空氣。玻璃杯中充滿了空氣。

當我觀察一片樹葉時，看見葉子是充滿的，徹底充滿的。我藉由被稱為心的美妙工具，看著樹葉並接觸樹葉，我可以看見當我接觸樹葉時，我也在接觸雲，雲存在於樹葉中。我清楚地知道，沒有雲，就沒有雨，相對的也就沒有可以生長的樹，因此，當我接觸樹葉時，也接觸到非樹葉的元素，這些非樹葉的元素之一是雲。藉由接觸樹葉，我也接觸到雲與雨。藉由接觸樹葉，我知道水、雲與雨都在樹葉裡。我也接觸到樹葉裡的陽光，我知道若沒有陽光，萬物都無法生長。我正在接觸太陽而不會被灼傷，我知道太陽就存在樹葉裡。若我繼續冥想，會看見我正在接觸土壤裡的礦物，我正在接觸時間、空間與自己的心識。這片樹葉充滿宇宙空間、時間、心識、水、土壤、空氣與一切事物，因此我們怎麼能說樹葉是空的呢？

樹葉確實充滿一切事物，但只有一樣東西除外，便是獨立恆存的「自我」。樹葉無法單獨存在，而必須與宇宙中的一切事物相即相入。一樣東西必須依賴其他所有事物才能顯現，並無法獨自存在。因此，「空」的第一要義是，空掉獨存的自我。所有東西皆包含其他一切事物。深觀樹葉，我們只看見非樹葉的元素。佛只由非佛的元素構成，佛教只由非佛教的元素構成，而我也只由非我的元素構成。

無相

第二種定是「無相」，意即不執著表象。我們觀察天上的雲好像有個開始，因此說雲「出生」。雲看起來好像今晚某個時間會死掉，不復存在於天空。我們有生與死的概念，但在深觀的修行下，我們可以碰觸到雲「不生不滅」的本質。只要保持正念過活，就能觸及無相的本質。喝茶時，你認出鍾愛的雲在你的杯子裡。雲可能呈現冰柱的形狀，或像庇里牛斯山上的雪；雲可能在孩子吃的冰淇淋裡。藉由無相的智慧，你發現沒有任何東西出生，也沒有任何東西會死掉，因此你無所畏懼。深入觀察並觸及不生不滅的本質，將可去除心中的恐懼。

我們心中有無明的元素，也有光明的元素。因為無明的元素，所以我們痛苦；因為光明的元素，所以我們可能成佛，腦與心的二元性因而可以得到解決。實相以腦或心的方式呈現。說腦從心出生，或心是腦不請自來的意外收穫，都不對。你可以說，心與腦都奠基於藏識而顯現，並且顯現時彼此相互支持。沒有心，就不可能有腦；沒有腦，心也不可能顯現。一切事物皆得依賴其他事物才能顯現。例如葉子與花：花必須依賴非花的元素才能顯現。心與腦的情況也是一樣。

無願

第三個定是「無願」，沒有擔憂，沒有焦慮，我們自在地享受生命中的每一刻，既不嘗試，也不勉強努力，就只是存在。這多麼令人喜悅啊！這似乎違反了我們平常的運作模式。我們一直努力想要達到快樂，為了和平而奮鬥。但也許我們的努力、奮鬥與目標，正是達到快樂與促進和平的障礙。我們都有過尋找答案的經驗，然後就在徹底放下與放鬆的時候，答案自然出現，毫不費力，這即是「無願」。我們在正念中自在地享受呼吸、喝茶、微笑與行走，然後慧與智見自然生起。無願是一種美妙的修行，令人感到非常愉悅與振奮。我相信科學家和禪修者一樣，需要這種修行去鬆開他們的心，打開超乎他們想像的可能性。許多科學發現都在無願的基礎上發生，因為當你不急著完成時，便更有機會達到嶄新與意想不到的洞見。

六波羅蜜

這三種「定」可以導致「慧」。另一個導致慧的方式，是透過六種達到快樂的技巧——六波羅蜜。「波羅蜜」的意思是「到彼岸」。快樂即是彼岸。此岸可能是恐懼之岸，我們有可能渡到無恐懼的彼岸。此岸可能是嫉妒之岸，我們有可能渡到無分別、無恐懼與愛的彼岸。有時從痛苦的此岸到幸福的彼岸，只需要一秒鐘。

布施

第一波羅蜜是「布施波羅蜜」。布施很奇妙，當你對某人生氣時，會想要懲罰他，想剝奪他的各種權利，這是我們的習性。但若你能拿一些東西送給他，憤怒就會消失，你會立即到彼岸——無瞋之岸。試試看，假設有時你對伴侶很生氣，也知道未來會再度發生，於是你去買了一個禮物或自己做一個，把禮物藏在某處，當下次你再對這個人生氣時，什麼話也別說，什麼事也別做，就只要把禮物拿給那個人，這樣一來，你將不會再對那人生氣。這是佛陀的建議。

佛陀教導我們許多處理憤怒的方法，這是其中之一。當你對某人感到非常氣憤時，就給那個人東西，藉此練習布施。要修習布施，並不需要很有錢；要準備禮物，也不需要去超級市場。你看著他的方式就已經是一種禮物了，因為你的眼神中有慈悲。你說話的方式就是一種禮物，因為你的話如此溫馨，如此令人釋然。你寫的信也可以是一種禮物。我們在思想、話語與行為這三方面非常富有，總是可以很慷慨。千萬別太小氣，你隨時都可以布施，這將為周遭的人帶來快樂。修習布施波羅蜜，愈給，你將變得愈富有，所以布施行是菩薩的第一步。請記得，修習布施並不需要很有錢。

持戒（正念的訓練）

第二波羅蜜是「持戒波羅蜜」。修習持戒也是一種布施，這是對你自己與對所愛的人的布施。若你安住於戒行中，則你將保護自己，也讓自己變得更美麗、健康與安全，將有益於別人的快樂。藉由修習持戒，你將得到佛、法、僧的護佑，不再犯錯，不會為自己與周遭的人製造痛苦。因此，持戒永遠都是布施。五戒維繫著正直、誠實與慈悲的精神，包括：護生（避免戰爭與殺生）、修習布施、避免不當的性行為、修習愛的語言與傾聽，最後是修習正念的消費和受用。

持戒波羅蜜具有守護行者，以及確保解脫與無懼的強大能量。若你修習五戒，便不會再受制於恐懼，因為你的戒體是純淨的，不再害怕任何事。這是對整個社會的布施，而不只是對所愛的人而已。菩薩是永遠受到戒行保護的行者，而他們的戒行也能對外作出許多貢獻。

忍辱（包容）

第三個渡到彼岸的技巧是「忍辱波羅蜜」，是幫助你不斷擴展心量的修行。我們如何讓心量逐漸變大，大到能擁抱一切事物呢？佛陀舉了一個漂亮的例子。假設你有一碗水，有人抓了一把鹽放在碗裡，對你來說，水將會太鹹，以致於無法飲用；但若有人丟了一把鹽到清澈的山川裡，因為河水既深且廣，所以你還是能喝到甘甜的水。

當你的心很小時，就會感受到很多的苦；但當你的心變得愈來愈大時，同樣的事情將不再令你感到痛苦。因此，祕訣是如何幫助你的心擴展。若你的心很小，你將無法接受對方，無法容忍那個人的缺點；但當你的心很大時，便會擁有許多的智見與悲心，所以不會有問題，你不再痛苦，並且可以擁抱那個人，因為你的心是如此巨大。

我們痛苦，是因為我們的心很小，總是要求別人改變來配合自己。但當我們的心變大時，就不會預設任何條件，而是如實地接受他們，讓他們有轉變的機會。訣竅是，要想辦法擴展我們的心。修習智見，有助於生起悲心。當悲心生起時，便不再有痛苦。我們之所以會痛苦，是因為沒有足夠的悲心。當我們有足夠的悲心時，就再也沒有任何痛苦。我們雖然遇到同樣的人和同樣的情況，但我們再也不會痛苦，因為我們的愛是如此巨大。

忍辱波羅蜜幫助我們擴大心量，是擁抱一切眾生與一切事物的能力，你不排除任何一個。在真正的愛當中，你不再有任何分別，無論一個人的膚色、宗教或政治主張是什麼，都可以毫無分別地接受。這裡的忍辱，意味著無分別。過去忍辱波羅蜜一直遭到錯誤的理解，以為要忍耐，就一定得受苦，但當你的心量變大時，就完全不會感到痛苦。想像你把一籃子的鹽丟進河裡，河並不會痛苦，因為它非常巨大，人們不斷地汲水、煮水與飲水，都沒有問題。因此，只有當你的心量狹小時，才會痛苦。正因為如此，菩薩才能經常保持微笑。修忍辱波羅蜜無需壓抑或勉強，因為若你壓抑或嘗試去忍受，將會變得很危險。若你的心量狹小，並且過度勉強，則它可能會碎裂。忍辱波羅蜜幫助我們不斷擴大心量，這得藉助於智見與慈悲的修行。

精進

下一個波羅蜜是「精進波羅蜜」。當我們研究佛教中的心識時，是從藏識與種子的觀點去了解精進的意義。我們的藏識中，有痛苦的種子與快樂的種子，有善的種子與不善的種子。精進波羅蜜的內容，即灌溉善的種子，包括四種修行（四正勤）。首先，安排你的生活，讓壞的種子沒有顯現的機會，這需要作一點規劃。我們必須規劃自己的生活與環境，使心中暴力、憤怒與絕望的種子無法得到灌溉的機會。有些人每天都生活在負面種子被灌溉的環境中，那不是精進。我們必須安排與抉擇，必須使用我們的自由意志去安排生活，包括消費形態在內。我們都很清楚自己的心中有絕望、暴力、憤怒與恐懼的種子，如果我們允許這些種子被灌溉與顯現，是不健康的。如果我們生活在道場中，許多見聞都有助於自己接觸到心識的善良面，此時負面的種子將比較沒有機會增長。你可以和別人討論如何創造一種環境或生活方式，幫助你防止負面種子被灌溉與顯現。

若偶爾負面種子還是被灌溉與顯現了，該怎麼辦呢？應該盡快設法讓負面種子重新回到種子的形式才對。有許多方法可以做到這一點。如果我們修習「如理作意」，專注於其他所緣，注意有趣、祥和與美麗的事物，則這些不善法就會重新回到種子的原點上。佛陀曾經說過一個換木榫的方法。古時候，木匠會用木榫來接合兩個木塊，他會先挖洞，再把木榫打進洞中，使兩個木塊緊密地結合在一起。若木榫腐爛了，你可以將一塊新的木榫打進同一個洞中，換掉舊木榫。改變心行的技巧也是一樣。偶爾憤怒的心行會在你的意識中被灌溉與顯現，讓你因而感到痛苦，此時你可以嘗試用另一個心行來取代它。在我們的時代，我不會用「換木榫」的字眼，而是會改用「換CD」。假如你正在播放的CD不好聽，你會按停止鍵並放入另一張CD，因為在我們的藏識中有許多張很棒的CD可供選擇。因此，第二種修行是換

CD，因為如果我們讓前一張CD或心行停留太久的話，將會滋長負面的事物，使得它們再度壯大。所以精進的第二種修行，是設法使負面事物盡快回到種子的狀態。

第三種修行是灌溉藏識中善與美的種子，幫助它們有機會顯現，包括悲、愛、願、慈、喜等種子。你確實擁有這些種子，因此請妥善安排你的生活與修行，細心呵護這些種子，讓種子得以顯現。以個人的身分也好，以夫妻的身分也好，以僧伽的身分也好，我們應該相互幫助灌溉善的種子，好讓它們可以顯現在意識的螢幕上。當善的種子顯現時，喜悅、解脫與快樂便不遠了。

第四種修行是盡量延長正面種子顯現的時間。例如有好友來訪，你熱情地招呼他們待久一點，因為他們帶給你許多喜悅。因此，盡量延長善法顯現的時間，善法待在我們身邊愈久，我們就愈有機會讓這些種子在更深層的識中增長。善法的顯現就像灌溉種子的雨水一樣，將誘發底層的善種不斷增長。就好像當你持續觀看暴力節目時，暴力的種子將不斷在你心中增長一樣。若你不斷聆聽開示，則你心中智見與解脫的善種將持續被灌溉，因此，我們應該從識法的角度去理解精進。

禪定

第五個技巧是「禪定波羅蜜」。禪定，意即產生正念的能量並保持安定。在正念的幫助下，你可以觸及生命中美好的事，進而達到滋養與療癒。禪定幫助你深入觀察一切事物，以便揭露無常、無我與相即的本質。禪定有許多種，包括無常定、無我定、空定與相即定等。

智慧

「智慧波羅蜜」即是以智慧之舟到達彼岸，是第六波羅蜜。我們修習正念，或修習禪定與正見，這個修行的成果即是智慧。智慧既是達到解脫的果，也是方法。解脫出現在彼岸，但達到彼岸的關鍵並不是時間與距離，而是洞見或了悟。離開無明、愚痴、執著與非正見的此岸，我們便已觸及解脫與安樂的彼岸，這無關乎時間。

當你每一刻都安住在正念與正定中時，正見或洞見便已增長。正見帶來悲憫，讓我們解脫恐懼與憤怒等苦惱，因此，菩薩每天都以增長六波羅蜜的方式在過生活。因為菩薩手上握有這麼強大的工具，所以能夠很快地從痛苦與恐懼的此岸，渡到安樂與無懼的彼岸。

身為僧伽中的一員，每個人都有修習正念的義務，也有修習正念的喜悅。我們的心與身，是花園。當我們頂禮佛陀與菩薩時，便被鼓勵去接觸內在的佛陀與菩薩。我們應該知道，大慈大悲觀世音菩薩並非存在我們之外的實體，我們自己便具有慈悲的能力。

親近善知識

獲得快樂習慣的方法之一，是親近智者。在《快樂經》中，佛陀告訴我們：「勿親近愚者，應該與智者為伴，尊敬那些值得我們尊敬者，這是最大的快樂。」

有兩種智慧。佛陀說，心是光明的。當光明的心無法運作時，是因為心被染污的緣故。若可以去除染污，心就會如明鏡般運作。當藏識被完全轉化時，就變成「大圓鏡智」，是直接且不散亂的智慧，也稱為「根本智」。只有在我們去除恐懼、愚痴、瞋恨與貪欲等煩惱時才會出現。

當我們研究、調查與分析時，運用的是另一種智，稱為「後得智」，是哲學家與科學家做分析、思考與推論時所用的智慧。但我們內在還有一種本具的智慧，不需透過散亂的思想，便可以直接擁抱與理解實相。你應該親近修習那種智慧的人，他們去除愚痴、恐懼與憤怒，使大圓鏡智得以生起。當你周圍有數百個這樣的人時，一股非常強大的集體能量便會產生。

這種集體和合的能量，稱為「僧伽」，意即「和合眾」。僧團中若無和諧、快樂與友愛，即非真正的僧伽。唯有真正的愛與和諧存在，僧伽才會成為活的有機體，此時你不再是一個人，而是成為僧伽體的一個細胞。當三百、五百或一千人共同聽到鐘聲時，正念的集體能量非常強大，足以穿透每個人的身與心。

要建立真正的僧伽，必須知道如何使用佛教裡關於愛的修行。在佛教的傳統中，「愛」這個詞語是以「慈」來表現。「慈」的巴利文*maitri*衍生自*mitra*，即「朋友」的意思。在僧團中，我們如兄弟姊妹般和合共住，當我們彼此友愛時，我們既非他人的財產，也不是他人的一件消費品。「愛」具有「慈」的內涵，意思是愛能提供友誼與快樂。

真愛的另一個元素是「悲」，這種能量將幫助他人解除身心的痛苦。當我們是一個共修的僧團時，我們很強大，不會成為絕望的受害者；我們和合共住的方式，可能成為社會改變的正面因素，帶來希望，並減輕他人的痛苦。當你心中懷有僧伽時，無論去到哪裡或說什麼話，僧伽都將與你同在，你的行為將與僧伽同步，為周遭的人帶來慰藉、希望與幫助。

我一直很慶幸自己能與僧伽一起靜坐，一起修正念呼吸，這帶給我很大的快樂。吸氣時，我覺知陪伴著我一起靜坐的僧伽。你的家庭也是一個僧伽，一個小的僧伽。你家也許只有兩、三個或四、五個人，但你可以將家庭徹底轉化為僧伽。只要知道修行的方法，你便可以建立完美的僧伽，可以與一、兩百或三、四百人一起快樂地生活。若你不懂得修行，則兩、三個人便可能令你覺得宛如身在地獄。但若你懂得修行，則三百個人將可能一起和諧、快樂與友愛地生活。和合共住是一件很美妙的事，值得去做。僧伽中的每個成員都是修行人，知道如何保持內心的平靜，並且知道如何幫助他人也保持內心的平靜。

找到一個你願意恭敬共修的團體，對於你的快樂非常重要，這將日夜無間地幫助你的藏識，因為藏識既是個人的，也是集體的。我們一直從集體心識接受輸入。接受集體心識的正面輸入時，我們心中慈悲、喜悅與無分別的種子每天都會得到灌溉。轉化「末那識」，也就是充滿執著與妄想的識，最有效的方法之一就是讓自己出現在正面的集體心識前。

愛的四個元素（四梵住）

當周遭充滿正念的行者時，你也將更容易正念地行走，你讓自己被僧伽的集體能量所護持與轉化。在僧伽中，我們不再是獨存的實體與個人，而是成為僧伽體的一個細胞，並且處於相同的頻率上。

與具有深度修行體驗的人一起在僧團中修行是很美妙的，因為當你看見並接觸他們時，會想要效法他們。我們當中有些人的生活非常簡單，他們不需要花很多錢，吃得很簡單，居住與交通也都很簡單，這些人是真正地快樂，深感滿足地快樂。因為他們生活得很有意義，能充分享受自由與喜悅，因而感到快樂。為了別人，包括他們的道侶們（在佛法上的兄弟姊妹），他們每天都能隨緣盡份，貢獻一己之力。喜悅與快樂不假外求便能獲得，我們並不需要很多的金錢、名聲或權力。正念地生活，參與建立和合僧伽，成為別人的庇護，將為你帶來許多的喜悅與快樂。

當我們充滿覺知，讓正念完全現前時，可以練習深入地觀察認知的對象，並觸及無我、相即與緣起的本質。在這個禪修階段，慧法被導引入藏識中，這是智慧之雨，將滋潤智慧與慈悲的種子，並削弱我見、我愛與無明的種子。

在許多自助式的勵志書籍中，「我愛」（愛自己）被認為是快樂的基礎。但在佛教裡，「我愛」是分別的表現。「這是我而那不是我。我只照顧我。我不需要照顧非我的元素。」當正念介入意識時，被導引入藏識的慧法已經存在於藏識中，你只需加以灌溉，並允許它顯現。那是無分別的智慧，從相即與無我的洞見中生起，然後無分別的智慧將會在藏識中做決定，而那將會取代意行。藉由這個修行，意行逐漸被轉化為無分別智。當無分別智現起時，末那識所積聚的假象就會幻滅，將不再有任何分別或執著，愛將成為無限的。

真愛的四個元素是：慈、悲、喜與捨。最後一個元素「捨」，即無分別。你那具有無分別的愛，是佛陀之愛；仍然具有分別的愛，會為你與他人帶來痛苦。修習無分別或捨，我們的愛將成為真正的愛——佛陀之愛。藉由修行，意行逐漸被轉化，直到完全被「無分別智」取代為止。愛人成為真正的愛人。我們並未失去愛人，而是以真正的愛人取代虛假的愛人。真正的愛人總是具有無分別的特質，因為她具有洞見，知道「我」是由「非我」的元素所構成，為了照顧「我」，你必須照顧「非我」者。因此我們不說「我愛」是快樂的要素，而是說「無我」是快樂的關鍵，這便是修行的任務。

第八章

以佛足行走

◎專心禪坐的小男孩

我第一次參訪印度時，有機會去爬位於佛陀時代摩伽陀國首都王舍城外圍的靈鷲山，佛陀曾經登上此山觀看夕陽。我記得這個故事。在悉達多尚未覺悟與成佛之前，有一天在城裡乞食，頻毗娑羅王坐在他的皇輿中，正好看見一位比丘莊嚴地行走，外表顯得高貴而自在，但國王是個很客氣的人，並未攔住這名比丘，回到皇宮後，便下令查訪那名比丘的身分。國王對於悉達多在王舍城中走路的身影，留下深刻的印象。

數日後，侍衛查出悉達多的身分與住處，頻毗娑羅王便啟程前往悉達多的住處。國王把馬車留在山腳下，爬上山去見悉達多。對話時，頻毗娑羅王說：「若您答應擔任我的老師，那就太好了，這個王國將因為您的出現而閃耀。若您喜歡，我將分半個王國給您。」

悉達多笑道：「啊，我的父親想將整個王國傳給我，我都沒有接受。如今，我怎麼會在這裡接受半個王國呢？我的目標是修行以達到解脫，並幫助眾生。現在我無法擔任國師，因為我尚未達到正覺，但我承諾，一旦達到正覺，便會回來幫助你。」之後，他便離開那座山。因為這個地方已經不再隱密，所以他隔天早晨便離開了王舍城，前往北邊的森林，繼續修行並邁向覺悟之旅。

佛陀記得他對頻毗娑羅王的承諾，因此在覺悟之後一年，便重返王舍城拜訪國王，與他分享他的教法。但此時，佛陀已經不是自己一個人，而是有超過一千名比丘跟著他；佛陀很快就可以建立起僧伽。才沒多久，他便有將近一千兩百名出家徒弟。

佛陀在帶領他們前往王舍城之前，仔細訓練比丘們安住正念，比丘們都明白如何在正念中行、住、坐、臥與托缽。要訓練一千多個比丘正念地移動，並不是件容易的事。

訓練完成後，他們回到王舍城，待在一片棕櫚樹林中。那片棕櫚樹林還很年輕，卻是一片非常美麗的樹林。上千名比丘分成二十到三十組，魚貫進入王舍城托缽。

人們初次見識到比丘們正念地行走所散發出來的高貴、自在與喜悅，都留下深刻的印象。消息很快便傳到國王耳裡：悉達多回來了。當日國王便帶領許多朋友、大臣與家人前往棕櫚樹林拜訪佛陀，佛陀給他們做了一場精彩的開示，並答應前往皇宮拜訪國王。

為了迎接僧團來訪，國王花了兩週時間進行籌備。那一天，城裡每個人都知道國王要接待僧眾，數千人上街歡迎僧團，街道上擠滿了群眾，以致僧團幾乎寸步難行。人群中有個年輕歌者，唱著美麗的歌曲，讚頌佛、法、僧三寶。這真是一場盛會，也是一個美麗的日子。

古時候，國王都很注意出現在王國內的心靈導師，會邀請這名老師駐留，以莊嚴與淨化王國，所以頻毗娑羅王才會想盡辦法將佛陀留在他的王國內，並且希望擁有佛陀與他的僧團。政治人物就是如此。國王所做的第一件事，就是提供佛陀與僧團位於首都附近的一片竹林，這片竹林大到足以容納一千兩百五十名比丘與佛陀。

國王還將靈鷲山賜予佛陀，最初幾年佛陀就住在這裡。上山的唯一一條步道是自然形成的，直接穿越樹叢，後來頻毗娑羅王命人以石頭打造了一條新步道，這條石頭步道今日依然存在，如果你去王舍城（Rajagrha），新的名稱是Rajgi，便可以經由這條步道爬上山。此外，你還可以造訪竹林精舍，印度政府在那裡復植了幾種古老的竹子。

頻毗娑羅王常常去拜訪佛陀，他總是把馬車留在山腳下，然後徒步走上去。但上山得花一些時間，我不知道這位國王是否學過行禪。我第一次爬靈鷲山，是由多位朋友陪同，包括摩訶歌薩難陀（Maha Ghosananda）❁在內。我修習正念的行走，享受跨出的每一步，因為我知道那是佛陀曾經走過的道路。佛陀曾往返這條步道千百回，每一天，他都會用到這條步道。因此，我們保持高度正念，深感歡喜，因為我們知道那裡有著佛陀的足跡。我們走大約二十步，便坐下來修正念呼吸，然後再走二十步。由於我身邊伴隨著一群人，每次停下來，我都會作三分鐘的開示，然後再繼續爬山。因此當我們登上山頂時，一點也不覺得累。在我們登山，以及坐在靈鷲山頂時，強烈感受到佛陀的能量。那天我們在山頂上打坐並觀日落。我曉得佛陀曾經多次如此靜坐，並且也看見了美麗的落日。為了享受美麗的落日，我啟用佛陀的眼睛。佛陀的眼睛成為我的眼睛，我們一起看見美麗的落日。

若你有機會到那裡，我建議你一大早去：清晨四點，你可以僱請一個警員同行，這樣比較安全，因為那時天色還很昏暗，而且那裡有許多窮人。我所說的警員手上並沒拿任何東西，甚至連棍子也沒有，他的眼睛就是武器，因為他認識附近的每一個人，若有竊賊被他認出來，就會被關進牢裡。我們付他一點錢，他便會陪我們一整天，當日落之後天色變暗時，我們可以在他的陪同下安全地下山。

想像爬了一天的山，坐在山頂上，你可能會想在上面坐禪與行禪，並享用正念的

❁摩訶歌薩難陀是柬甫寨的僧王（sangharaja）。

午餐。那裡沒有廁所，所以你得就地解決。我第一次在那裡方便時，知道佛陀也做過同樣的事。

正念的能量

以佛陀的腳走路是可能的。我們的腳，在正念的加持下，將成為佛陀的腳。你不能說：「我無法用佛陀的腳走路，因為我沒有。」這是不對的。只要你真的想用，你的腳就是佛陀的腳，這完全取決於你。若你將正念的能量帶入你的腳，你的腳就會成為佛陀的腳，並為他而走。這並不需要某種盲目的信仰，很清楚的，若你安住於正念的能量中，則你將像佛陀一樣行動，像佛陀一樣說話，像佛陀一樣思考。那是你內在的佛（Buddhahood，覺悟的狀態），是你可能經歷的事，而非僅是理論。

在梅村，平靜地坐著與平靜地走路是很基本的修行。我們學習如何才能在整個打坐與走路期間保持平靜，我們依賴正念與正定而做到這點。此外，我們也從僧伽的集體正念能量中獲益。若我們於一日中保持平靜，便可在另一天與往後的日子中繼續保持。我們必須下定決心堅持這個修行。

例如，在行禪期間，若我們陷入思慮，想著回家時應該怎麼做，便失去了行禪，失去了機會。雖然我們與僧伽同行，但我們卻不在那裡，不能安住在當下，因此無法邁出平靜與快樂的步伐。或者如果我們擔憂某事或生某人的氣，便無法邁出平靜的步伐，同時也將失去一切。

我們知道走路時，我們可能不是解脫的。走路是令我們解脫的修行，我們應該像解脫的人一樣走路，解脫使我們可能達到平靜與快樂。我們必須百分之百完全投入於每一個步伐，才有可能達到解脫。若我們無法正念地走路，導致生起憤怒或憂愁的感覺，或想到過去、未來與別處，便無法解脫。我們並不是真的與僧伽同行，因為我們並沒有在那裡，這是一種浪費。吸氣，我們可能覺知此事；我們不是真的在這裡，而且之後可能為此而後悔。我明明有機會，但卻錯失存在於當下的快樂因緣。我們問自己，挑戰自己：我能解脫嗎？能於當下感到平靜嗎？因為若你無法解脫，無法於現在解脫，以後也不可能解脫。因此，你必須下定決心於當下解脫。雖然憂愁或憤怒的心行可能非常強烈地生起，但我們深知內在有解脫與平靜的種子，我們必須努力讓解脫與平靜的種子顯現。我們的內在並非只是憂愁與憤怒，我們的內涵遠甚於此。每個人都必須找到達到解脫的有效方法。

無常觀與無我觀

當我們獲得觀智時，就能看見無常的真實本質。我們在日常生活中，總是努力想讓事物保持穩定，導致無常的觀念令人感到不安。但若深入觀察無常的本質，會發現無常其實是很能撫慰人心的。

當你跨步時，可以觀想母親與你同行。這並不困難，因為你知道腳是母親的腳的延續。當我們深入觀察時，會看見母親存在我們身體的每一個細胞中，我們的身體也是母親身體的延續。當你跨步時，可以說：「母親，請與我同行。」突然間，你感覺內在的母親與你同行。你可能察覺到，母親的一生中並沒有太多機會能夠像你一樣，走在當下，享受每一個觸地的感覺，因此，突然間悲憫與愛油然而生。這是因為你可以看見母親與你同行——這並非憑空想像，而是真實的。你可以邀請父親與你同行，也可以邀請所愛的人當下與你同行。他們不必以肉體出現，你便可以邀請他們，並與他們同行。我們延續自祖先，他們完全體現在我們身體的每一個細胞中，因此當我們邁出快樂的一步時，知道所有的祖先都與我們同行，千百萬隻腳正在做相同的動作。藉由影像技術，你可以創造這種畫面——千百隻腳一起邁步。當然，你的心也可以做得到，可以看見祖先的千百萬隻腳與你一起邁步。藉由觀想的修行，將可摧毀你是個別自我的觀念與感受。你步行，而他們也與你同行。

佛陀提供了許多修行方法，讓我們可以找到自己。無常觀便是我們擁有的一種工具；無我觀則是另一種。畢竟我們生氣的對象可能是兒子、女兒或伴侶，而他或她的快樂，便是我們的快樂。若對方不快樂，我也不可能會快樂。我不希望對他或她太刻薄，因此我應該保持平靜與快樂，因為生氣並無益於自己，也無益於對方。我若痛苦，對方也不可能會快樂，我們都不是個別獨存的自我，而是相即的。當你使用無我的工具時，便觸及到相即的本質，剎那間，你克服了憤怒，並且能夠邁開平靜與快樂的步伐。

在淨土中行走

若你以佛足行走，那麼每一步都是走在天堂或淨土中。梅村的修行是每天都走在佛陀的淨土中。每次你一移動，腳都接觸到佛陀的淨土。我們每日的課誦中有這麼一條：**步步助我觸淨土**。那是修行。另一個偈頌是：**願我步步觸淨土**。這些偈頌並非祈禱，而是修行的導引與提醒。你可以做得到，你知道自己可以做得到。你藉由正念而覺知步伐，並且觸及淨土的一切奇蹟，這樣的步伐將產生解脫、喜悅與療癒。我們知道，行禪是歡喜地走在上帝的天國或佛陀的淨土中，如此行走可以轉化、治癒並激發許多心中的愛。我們走路不只是為了自己，更是為了父母、祖先與在世上受苦的眾生。淨土是我們可以到處帶著走的——可攜式淨土，是你能給予所遇見的人最好的事物。你是個菩薩，給予他們不折不扣的淨土或天國，這是獻給旁人的最佳禮物。

人類的心識

大約一百五十萬年前，人類開始以雙腳站立並空出雙手，由於能活用雙手，使得人類的腦開始快速地增長。佛性是早期人類本具的，雖然佛陀在兩千六百年前才出現於世。我們從他的說法中得知，其他佛陀在他之前便已出現，例如燃燈佛與迦葉佛。

有個人種能夠整天都產生念力，我們便是屬於這個人種——智人（conscious

homosapiens）。我們都屬於佛之一族，因為能產生一天二十四小時皆存在心中的念力。諸佛是一天二十四小時都以正念生活的生物。起初我們是兼職的佛，但只要持續修行，就能成為全職的佛。我們學習不作分別，因為每個人都擁有佛性的種子。每個非佛都有佛性，因此我們應該擺脫種族歧視。我們的修行是盡量幫助人們開顯心中的佛性，因為集體覺醒是可能幫助我們脫離目前困境的唯一方法。佛陀在覺悟後便知道，他必須將這個修行和眾人分享。佛的意思是「覺者」，也就是覺知真諦者，在四十五年說法期間，一直在幫助別人覺醒，保持正念，並且教導人們念、定、慧之道是解脫之道，是快樂之道。

美妙的七步

根據傳統說法，佛陀一出生便走了七步——他立即修習行禪。悉達多出娘胎後就開始走路。七是一個神聖的數字，我們可以解釋為七覺支或七菩提分法等。當我們慶祝佛誕日時，最好的方式是真的去走七步。我一直認為能在這裡，出現在這個星球並走路，是很美妙的，也是最值得去做的事。你無須做任何事，就只要歡喜地走在地球上。阿波羅號上的太空人能從很遠的距離，拍下地球的相片寄給我們，那是我們第一次看見地球這個美麗的生命堡壘。地球是我們的淨土，它很美妙。

若你到外太空，就會了解生命是很希罕的。太空中的環境險惡，不是太熱就是太冷，很難有生命。回到地球上的家，你會再次覺得看見生命真是美妙——看見植物與動物，用腳踩在青草地上，凝視小花，聆聽鳥叫與松濤，觀察松鼠來回爬樹，吸氣與吐氣，接觸新鮮空氣，以及用雙腳踩在土地上。有些人需要離家七天，重返家園時，才懂得欣賞這片淨土。許多人視此為理所當然。藉由正念，你會覺知到存在與活在地球上，以及在這個美麗的星球上走路，是真正的奇蹟。臨濟宗的禪師說，在水上或空中行走不是奇蹟，在大地上行走才是奇蹟。所有人都可以表演在地上行走的奇蹟，我們都可以走七步；如果成功，就可以走第八步與第九步。藉由正念的能量，我們的腳成為佛陀的腳。生起正念的能量並不困難，藉由這股力量，那個正念的能量，我們加持我們的腳，使我們的腳成為佛陀的腳。當你以佛足行走時，行經之處便是佛土。只要有佛，便有佛土，便有淨土。上帝的天國與佛陀的淨土，永遠在當下可得。問題是，我們為天國與淨土作好準備了嗎？也許我們太忙了，忙到無法享用天國與淨土。也許這正是小悉達多想要展示的，他一出生便可以立即在淨土上行走。

當我們皈依三寶與受五戒時，心靈生命便獲得重生，我們可以像悉達多一樣，成功地走七步。第一步，接觸地球；第二步，感受地球上的天空與其他各種事物。你只需要七步，便能達到覺悟。覺悟在日常生活中的每一刻都可能達成——覺知你活著並走在地球上，便已經是覺悟了。我們每天都應該重新製造這種覺悟。走在上帝的天國或佛陀的淨土中，是一種喜悅，非常令人振奮且很有療效。我們知道自己可以做得到，卻經常不這麼做，而需要朋友與老師的提醒。

任何人都可以修正念呼吸，並生起正念；任何人都可以在正念中走路，在正念中接觸大地，在正念中接觸天國。我們當中有些人需要上外太空，才會懂得欣賞地球。我們很容易視事情為理所當然，而不珍惜當下既有的事。對我們來說，許多幸福快樂的因緣是當下可用的，但我們卻錯過了。佛陀的教法在於幫助我們覺知——覺知我們的存在，覺知天空依然湛藍，覺知樹與河流還在那裡，以及覺知我們可以享受日常生活的每一分鐘，這樣我們的後續就會有較好的機會。正念使得我們生活的每一刻都能成為美妙的時刻，這是我們能給子女最好的禮物。我們的子女是誰？就是我們自己，因為子女是我們的延續，因此，日常生活的每一刻，都可能成為我們給予子女與世界的禮物。

以佛陀之足

當我第一次去印度，即將到達巴特納（Patna）市時，我有十五分鐘時間注視底下的風景。我第一次看見恆河。當我還是沙彌時便聽過恆河，以及不可勝數的恆河沙。古時候，人們稱「巴特納」為「華氏城」（Pataliputra），是佛陀入滅後摩羯陀（Magadha）國的首都。我坐在飛機上，向下俯視，看見佛陀在恆河沿岸留下的點點足跡。可以肯定的是，佛陀一定沿著這條河來回走過許多次，許多王國曾經建立於此。我深受感動，十五分鐘的注視與觀想，我看見佛陀莊嚴、解脫、平靜與喜悅地在行走。他就那樣走了四十五年，帶來他的智慧與慈悲，並將他的解脫法與許多人分享，包括王公大臣等社會上最有權力的人，以及最下階層的賤民等人。

佛陀喜歡走路。他走了許多路。由於佛陀的時代並沒有汽車、火車與飛機，所以有時會乘船到下游或渡河，但多數時間他都走路。佛陀與朋友和弟子們同行，在四十五年的說法期間，訪問並教導了也許十四或十五個古代印度與尼泊爾的國家。

當然，佛陀喜歡坐禪，但他也喜歡行禪。

如果你去印度參訪瓦拉那西（Varanasi，舊名Benares），若想去新德里，就得坐飛機，但佛陀卻是徒步走到德里的。在三個月的雨季期間，佛陀與其他比丘待在一處安居。除了雨安居期外，佛陀喜歡四處走動去會見人們，並幫助人們修行。曾經將祇園精舍獻給佛陀的給孤獨長者，有個女兒名為蘇南那伽陀，嫁給一個住在孟加拉地區的地主。有一天，給孤獨長者的女兒邀請佛陀前往她的住處，於是佛陀與五百名比丘一起走到印度東岸。佛陀很喜歡東岸，在那裡傳了許多法。佛陀在祇園精舍度過二十多個雨安居期，然後往北走到今日的新德里。佛陀也常去西部。阿般提王想邀請佛陀去西岸，但這次佛陀派遣了兩位資深弟子前往，一位是摩訶迦旃延，另一位是梭那庫提頻沙。摩訶迦旃延是一位擅長論議的法師，他們前往西岸，在那裡建立了許多道場。西岸的情況較為特殊，因此這兩位比丘請佛陀修改一些戒律，使教法能更容易在西岸傳佈，而這些戒律都與鞋子有關。由於西岸的生活條件比較惡劣，所以住在西岸的比丘被准許穿多層的鞋子來保護雙腳，同時也獲准使用皮革，以避免潮溼與石頭的傷害。

有位來自西岸的富商在舍衛國見過佛陀後便想出家，出家後，由於修行得很好，便希望能返回西岸，建立僧團。他的名字是富樓那（Puṇṇa）。經典中曾經記載佛陀與富樓那之間一段著名的對話。佛陀說：「我聽說西部人粗暴易怒。當你去那裡而他們對你咆哮時，你會怎麼做？」富樓那回答：「世尊，我會認為他們還是很慈悲，因為他們並沒有對我丟石頭。」「但如果他們丟石頭呢？」「世尊，我還是認為他們很慈悲，因為他們並沒有用棍棒打我。」「如果他們使用棍棒呢？」「我還是會認為他們很慈悲，因為他們並沒有拿刀子殺我。」佛陀說：「如果他們拿刀子殺你呢？」「果真如此，我將因法而死，我會很快樂，並且不害怕。我的死亡也是一種教法。」於是佛陀說：「很好，你已經作好去那裡的準備了。」於是，富樓那尊者在佛陀與僧團的支持下，前往西岸建立寺院，最後那裡有五百名比丘。

當我們以正念行走時，我們的腳成為佛陀的腳。今日，我們可以看見佛陀的腳不只走到印度西岸，甚至走到非洲、澳洲、紐西蘭、俄羅斯與南非。你的腳已經成為佛陀的腳，因為你的存在，佛陀可以到任何地方。無論你在哪裡，不管是荷蘭、德國、以色列或加拿大，你都代佛行走，你是佛陀的朋友，佛陀的弟子，以及佛陀的延續。由於你，佛陀得以繼續行走，並接觸每個地方的土地。你所跨出的每一步，都可以帶來安穩、解脫與喜悅。以佛陀的腳，我們可以將佛陀帶到最遙遠的地區，到鄉村的陋巷或貧民窟去，那些充滿飢餓與社會歧視的地方。你可以將佛陀帶到監獄，使得佛法能夠為眾人所用。我認為成為佛陀的延續，是很美妙的事。你知道，你可以做得到，你可以成為佛陀的延續，這很簡單——只要呼吸，只要走路，你便可以延續佛陀。當你這麼做時，日常生活的每一刻都變成一個奇蹟。

那是你可以交給後代的最佳禮物。要快樂，並不需要很多金錢、名聲或權力，而只需要正念。我們需要解脫——解脫我們的憂愁、渴愛與焦慮，以便觸及當下可得的生命奇蹟，而這可能在個人的努力或僧伽的幫助下達成。無論去哪裡，你都可以帶著佛陀同行，因為你是佛陀的延續。不管去哪裡，你都可以建立僧伽來支持你的修行，如此一來，佛陀便能久住，並有機會向前推進。

接觸大地

走路是一種接觸大地的形式。我們以腳接觸大地，進而治癒大地，治癒自己，以及治癒人類。無論是空出五分鐘、十分鐘或十五分鐘，都要歡喜地走路，因為每一步都可能為我們的身心帶來療癒與滋養。以正念與解脫跨出的每一步，都能幫助我們治癒與轉化，同時世界也將跟我們一起被治癒與轉化。

只要像小悉達多一樣，從七步開始。我們將自己拉回當下並跨出一步，「接觸地球，我知道這個星球很美妙。」跨出第二步，你的觀智更加深入，「我不只接觸地球，還接觸地球上的天空。」接著第三步，你可以接觸一切眾生，包括我們的祖先與未來的子孫。每一步都是一次覺悟。如此走路，絕不是在做苦工，而是生起念、定與慧，這些是快樂與幸福的泉源。你希望成為行者嗎？很簡單，只要像小悉達多一樣，在當下正念地走路，完全覺知當下可得的生命奇蹟。

接觸大地的練習很有治癒力，這是你可以直接跟佛陀對話的方式。與佛陀交談三、四分鐘後，我們練習不只用我們的腳，還要用雙手與額頭——我們以五個點接觸大地，臣服於大地，與大地合一，邀請大地且准許大地擁抱並治癒我們。我們再也不必獨自承受痛苦，我們請大地作我們的母親擁抱我們，擁抱我們的一切痛苦，好讓我們得到治癒與轉化。

我希望你們都能以兩種方式練習這個方法。首先，靠近梅樹或任何你喜歡的地方，獨自練習接觸大地。你呼吸，用經文與佛陀交談，並且可以加入內心感受到的事物。與佛陀交談兩、三分鐘後，練習接觸大地。你也可以與家人或僧伽一起練習。甚至在初次練習後，你便可以清楚看見轉化與治癒。這必然是如此，就好像吃飯，只要吃飯，就會得到食物的滋養，這是毫無疑問的。我確定在練習兩、三週之後，便會得到轉化與治癒，而且不只對我們自己，也會對我們心中的同伴有所影響。

佛陀不屬於過去，而是屬於現在。慶祝衛塞節（譯者按：Wesak，即陽曆五月的月圓日，是慶祝佛陀誕生、成道與涅槃的日子）時，我們讓佛陀在心中出生。你應該自問：「誰是佛？」然後應該要能回答：「我即是佛。」因為藉由念與定，你成為佛陀。你知道，你希望繼續佛陀的工作。

一身，多身

佛陀有一個關於金剛藏（Vajra-garbha）菩薩的教法。金剛藏菩薩當時正在解說「相即」法，結束說法後，突然間，無數菩薩從十方湧現，看起來都和金剛藏菩薩一模一樣，他們趨近他，說：「金剛藏菩薩尊者，我們也名為金剛藏，並且在各處說相即法。」此時，十方諸佛伸出綿長的手臂輕撫金剛藏頭頂，說：「善哉，吾兒，你的相即法說得很好。」雖然有無數佛陀伸出他們的綿長手臂，但卻互不妨礙。

我認為這意味著當你在一個地方做一件好事時，善行在宇宙每個角落都會有回應與影響。別擔心你只能在宇宙的一個小角落做一件小善事，只要在那一處，成為一個佛身。如果你在法國，就只要管好法國，別擔心其他地方，因為別處有其他佛身在做同樣的事，你只需要在這裡做好自己的事，你的化身自然會在其他地方做好。無論你是否相信，每個人都有自己的化身。

雖然我遠離越南，但許多朋友去越南回來後告訴我，我出現在越南的身影既清楚又強烈，因此我有許多化身在那裡運作。你所製造的每個身、口、意行，都會進入宇宙中，並在那裡進行你的工作。你有無數的化身正在做事，因此應該確保只有好的化身被派往他方。

《法華經》中，佛陀對弟子們顯示了他的許多化身。在此之前，他的弟子們認為老師只是坐在「那裡」，受到時間與空間的限制，而且老師只有八十歲，在恆河沿岸諸國遊走。但那天，在靈鷲山上，釋迦牟尼請他的化身從十方前來，佛陀的弟子們開始看見老師不是只有坐在靈鷲山上的那個身體，因為他有數不清的化身，弟子們可以從究竟的層面去接觸老師，而非只在歷史的層面上。修行是從究竟的層面去接觸自己，從究竟的層面去接觸所愛的人，此時，你將超脫恐懼、空間，以及時間。你知道你在各處有無數的化身，他們將一直延續你，而你也以其他許多形式繼續。《法華經》的教法將幫助我們從究竟的層面去接觸實相，對於自己、他人與世界，有一個更清楚的視野。

你曾經做過一些好事，但似乎沒人知道。別擔心，十方諸佛都知道。若你懂得如何去看，將會看見諸佛皆伸手輕撫你的額頭，說：「善哉，善哉，你做得很好。」那是經典嘗試傳達給我們的訊息。

今天若你有機會切菜，試著以祖先的手、以佛陀的手去切。因為佛陀知道如何切菜——以充滿正念與喜悅的方式。你為佛陀而做，為祖先而做。今天當你修習行禪時，以可以看見無數隻腳與你同行的方式去走。藉由觀想的力量，你可以泯除自我與敵人的觀念。你將智慧的元素傳達給你的藏識，這將幫助藏識為你與所有人做出最好的決定。

隨身帶著僧伽

每個人都將以自己的方式延續佛陀。即使社會動盪不安，但若我們修習念與定，將隨時擁有佛、法、僧。只要有愛與決意之心，我們便能將淨土與佛陀帶在身邊，並與許多人分享。過去三十年我能活下來，是因為我一直隨身帶著僧伽。藉由自己內在的僧伽，你將不至於因為孤單落寞而枯竭。

偶爾在走路、煮飯或開車時，你可以暫停一下，接觸內在的僧伽，並問：「親愛的僧伽，你還與我同在嗎？」同時聽到僧伽回答：「我們一直與你同在，始終支持你，我們不會讓你孤單落寞而枯竭。」

覺知僧伽就在你心中與周遭，便會有繼續下去的能量。每個人都必須成為火炬，成為激勵眾生的元素；每個人都必須當個菩薩。當個菩薩並沒有什麼特別，那是我們的日常修行。

佛法中很清楚，佛陀是一個活生生的生命。沒有生命，就沒有佛陀。要成佛，你必須是個活生生的生命。反之亦然，因為兩者是一體的，每個生命都有佛性。我們可以像佛陀一樣呼吸，像佛陀一樣走路，像佛陀一樣坐著，像佛陀一樣飲食。正念的修行幫助我們於當下成佛。若你在尋找兩千六百年前的佛陀，那麼你將失去他。但若你在吸氣時覺悟到自己就是佛陀的事實，你便是他的延續，佛陀將立刻現身。

一段旅程的結束，是後續旅程的開始。我希望並祈求佛陀與諸菩薩保佑你平安、健康、快樂。我們依賴你，佛陀依賴我們每個人。今天請歡喜地走路，只要走七步，看看會發生什麼事。

第九章

滋養**佛身**與**佛心**的修行方法

◎一行禪師採梅子

以下是一些簡單的修行方法，可以增強你的佛身與佛心之間的連結。

行禪❄

心能往千向，
但於此幽徑，
吾安穩而行；
步步和風吹，
步步花綻放。

❄節錄自《轉向喜悅的長路》（*The Long Road Turns to Joy*, Berkeley, CA: Parallax Press, 1996）與《當下一刻，美妙一刻》（*Present Moment, Wonderful Moments*, Parallax Press, 1990）。

行禪是走路時的禪修。我們以輕鬆的方式，緩慢地走，嘴角保持一絲微笑。當我們如此修行時，會感到非常輕鬆自在，進而踏出屬於世上最安穩者的步伐。行禪是真正在享受走路——不為到達而走，就只是為了走路而走，活在當下，歡喜地享受每一步。因此，你必須拋開一切擔心與焦慮，不想未來，不想過去，就只傾心於當下。任何人都做得到，這只需要一點時間，一點正念，以及希求快樂的意欲。

我們一直都在走路，但通常更像是在跑步，急促的步伐將焦慮與憂傷印在地球上。如果我們可以安穩地踏出一步，就可以為人類的和平與快樂，踏出二、三、四、五步。

我們的心從一件事投射向另一件，就像猴子在樹枝間不停擺盪一樣，思想有數不清的通道，一直把我們拖進健忘疏忽的世界中。如果我們可以將道路轉進禪修的領域，那麼腳將充滿覺知地跨出每一步，呼吸將與腳步調和，心也會自然地放鬆。我們跨出的每一步都將增強平靜與喜悅，並造成一股輕安的能量流過我們，此時我們便可以說：「步步和風吹。」

走路時，藉由數步伐來練習正念呼吸。當你吸氣與吐氣時，注意每個呼吸與跨出的步數。當你在吸氣時跨出三步，默念：「一、二、三」，或「入、入、入」，一字配合一步。當在你吸氣時跨三步，而在吐氣時跨四步，則你說：「入、入、入。出、出、出、出」，或「一、二、三。一、二、三、四。」

別嘗試控制你的呼吸，要讓你的肺有足夠吐納的時間與空氣，只要注意肺充滿時你跨了幾步，排空時又跨了幾步，覺知呼吸與腳步。重點在於覺知。

當你上坡或下坡時，每個呼吸的步數會改變。永遠隨順著肺部的需要，別嘗試控制你的呼吸或步行，只要深入地觀察即可。

當你開始修行時，出息可能會比入息長，你可能會發現，吸氣時跨了三步，吐氣時跨了四步（3－4），或者兩步對三步（2－3）。若對你來說很舒適，就請好好享受這樣的修行。在你做行禪一段時間之後，入息與出息可能會變得一樣長：

3—3、2—2或4—4。

若你在途中看見想以正念接觸的事：藍天、山巒、樹或鳥，可以停下來，但在此同時，請繼續正念地呼吸。你藉助正念的呼吸，讓觀察對象保持鮮明。若你沒有正念地呼吸，那麼你的思想遲早會回頭進駐，而鳥與樹也將消失。永遠要守住你的呼吸。

走路時，你可以牽著孩子的手，她可能會接收到你的安定與平穩，而你也會接收到她的活潑與天真。有時她可能會想要跑到前面，等你趕上她。孩子是正念之鐘，提醒我們生命有多美好。在梅村，我教導年輕人走路時可以練習一個短偈，吸氣時：「是、是、是」，吐氣時：「謝謝、謝謝、謝謝」。我希望他們以正面的方式來回應生活、社會與地球。他們都很喜歡這麼做。

在你練習了幾天後，嘗試在吐氣時多增加一步。例如，若你平常呼吸是2—2，無需加快腳步，拉長你的出息，練習2—3四或五次，然後重回2—2。平常呼吸時，我們不曾將肺部的空氣排光，總會殘留一些，但藉由吐氣時多增加一步，你將擠出更多髒空氣。別太勉強自己，四或五次已經足夠了，過多可能會使你感到疲累。這樣呼吸四或五次後，讓你的呼吸恢復正常，然後五或十分鐘後，你可以再重複這個過程。記住是吐氣時增加一步，而非吸氣。

多練習幾天後，你的肺可能會對你說：「如果我們可以做3－3而非2－3，那就太好了。」若訊息很清楚，就試試看，但即使這個時候，也只做四或五次，然後重回2－2。五或十分鐘後，開始2－3，然後再做3－3。幾個月後，你的肺將會更健康，血液循環也會更好，因為你的呼吸方式已經被改變了。

當我們練習行禪時，活在每一刻；當我們深入當下時，後悔與憂傷都消失了，發現生命充滿驚喜。吸氣時，我們對自己說：「我已到了。」吐氣時，我們說：「已到家了。」當我們這麼做時，便克服了散亂，安住在當下。唯有此時，我們是活著的。

你也可以用詩句來修習行禪。在禪宗，詩與修行是分不開的。

我已到了，
已到家了，
在此時，
在此地，
我不動，
我自在，
如實中，
我安住了。

當你走路時，請完全覺知你的腳、地面，以及它們之間的連結——你的正念呼吸。人們說在水面行走是奇蹟，但對我而言，安穩地走在地球上才是真正的奇蹟。地球是奇蹟，每一步都是奇蹟，在這個美麗的星球上走路，可以帶來真正的快樂。

接觸大地

接觸大地的修行是回歸大地，回歸我們的根源，回歸我們的祖先，以及確認我們並不是孤單一人，而是和心靈祖先與血緣祖先的巨流相連結。我們是他們的延續，而這個相續還會繼續傳到未來的世代。我們接觸大地，以便放下個別獨立自我的觀念，並且提醒自己，我們就是大地，是生命的一部分。

當我們接觸大地時，變得很渺小，具有稚子的謙卑與單純。當我們接觸大地時，變得很巨大，像盤根錯節的古木深入地下，汲取泉源之水。當我們接觸大地時，吸進了大地的一切力量與穩定，並吐出痛苦：我們憤怒、瞋恨、恐懼、不滿與悲傷的感覺。

我們合掌，形成一個蓮花的花苞，然後緩緩屈身，讓四肢與額頭舒適地貼在地上。當我們觸地時，手掌翻上，對三寶：佛、法、僧，展現開放的姿態。修習「五觸」或「三觸」之後，即使只有一、兩次，也已經可以釋放許多的痛苦與疏離感，並且與我們的祖先、父母、子女與朋友們相互調和。

五觸地

I

以感恩之心，我頂禮血脈家族中的歷代祖先。

（鐘聲）

（全體觸地）

我看見母親與父親，他們的血、肉與活力在我的血管中循環，滋養我體內的每個細胞。透過他們，我看見四位祖父母，他們的期待、經驗與智慧從許多代的祖先那裡流傳下來。我身上帶著歷代祖先們的生命、血液、經驗、智慧、快樂與悲傷，我正練習轉化痛苦與一切需要被轉化的元素。我打開我的心、肉與骨，以接收所有祖先傳給我的智慧、愛與經驗。我在父親、母親、祖父、祖母與歷代祖先身上，看見自己的根。我知道我只是這個世系的延續。請將你們的能量傳給我，支持我，保護我。我知道無論子孫在哪裡，祖先一定也在那裡。我知道父母也許因為自身遭遇的困境而不善表達，但他們永遠關愛且支持他們的子孫。我看見祖先們嘗試在感恩、喜悅、信任、尊敬與慈悲的基礎上，建立一種生活方式。作為祖先們的延續，我深深禮敬，並讓他們的能量流過我。我請求祖先們賜予支持、保護與力量。

（三次呼吸）

（鐘聲）

（全體起立）

Ⅱ

以感恩之心，我頂禮心靈家族中的歷代祖先。

（鐘聲）

（全體觸地）

我在自己身上看見我的老師們，教導我認識愛與智見的道者，以及教導我呼吸、微笑、寬恕與安住當下的道者。透過我的老師們，我看見許多世代與傳統的一切老師，上溯至千百年前我心靈家族的肇始者們。我看見佛陀、基督或教長與女教長們是我的老師，也是我的心靈祖先。我看見他們的能量與許多代老師們的能量進入我，在我心內創造平靜、喜悅、智見與慈悲。我知道，這些老師們的能量已經深深改變了世界。若無佛陀與這些心靈祖先們，我不會認識修行之道，也將無法為我的生活以及家庭與社會的生活帶來安穩與快樂。我打開心與身，以便從覺悟者們、他們的教法，以及歷代修行團體處，接收智見、慈悲與保護的能量。我是他們的延續。我請求這些心靈祖先們，將他們源源不絕的能量、平靜、穩定、智見與愛傳給我。我發願修行，以解除自身與世界的痛苦，並將他們的能量傳給未來的修行世代。我的心靈祖先們可能有自己的困難，因而不是一直都能傳遞教法，但我如實地接受他們。

（三次呼吸）

（鐘聲）

（全體起立）

III

以感恩之心，我頂禮這塊土地，與所有曾對它做出貢獻的祖先們。❋

（鐘聲）

（全體觸地）

我看見我是完好健全的，受到這塊土地與一切篳路藍縷拓荒先人們的保護與滋養。我看見西雅圖酋長（Chief Seatle）、湯瑪士・傑佛遜（Thomas Jefferson）、桃樂斯・黛（Dorothy Day）、凱薩・查維斯（Cesar Chavez）、馬丁・路德・金恩（Martin Luther King, Jr.）與其他一切認識與不認識的人。我看見那些辛苦建設學校、醫院、

❋請換上適合你修行所在地的祖先名稱。

橋樑與道路者，保護人權者，發展科學與技術者，以及為了自由與社會正義而努力者。他們憑藉自己的才能、堅持與愛，使這個國家成為許多種族與膚色各異者的庇護所。我看見自己接觸到我的美國原住民祖先們，他們已經住在這塊土地上很久，知道與自然和平共生的方式，並保護這塊土地上的山川、森林、動物、植物與礦物。我感覺到這塊土地的能量穿透我的身體與心靈，支持並接受我。我發願增長與維持這股能量，並傳遞給未來的世代。我發願貢獻一己之力，去轉化依然深植於此社會集體心識中的暴力、仇恨與誤解，好讓未來的世代能有更多的安全、喜悅與和平。我請求這塊土地賜予保護與支持。

（三次呼吸）

（鐘聲）

（全體起立）

Ⅳ

以感恩與悲憫之心，我頂禮並將能量傳遞給我所愛的人。

（鐘聲）

（全體觸地）

現在我想要將我所接收到的一切能量，傳遞給我的父親、母親、所愛的每個人，以及所有因為我與為了我而痛苦與擔憂的人。我知道我在日常生活中正念不足，也知道那些愛我的人有他們的困難。他們痛苦，是因為不夠幸運，沒有能支持他們充分發展的環境。我將我的能量傳遞給母親、父親、兄弟、姊妹、鍾愛的人、丈夫、妻子、女兒與兒子，以解除他們的痛苦，讓他們能夠微笑，並感受到活著的喜悅。我希望他們都健康愉快。我知道，他們快樂時，我也會感到快樂。我不再對其中任何人感到憎惡，我祈求血脈家族與心靈家族中的一切祖先，將能量灌注在這些人身上。我與我所愛的人是一體的。

（三次呼吸）

（鐘聲）

（全體起立）

V

以智見與悲憫之心，我頂禮並與曾經令我痛苦的人和解。

（鐘聲）

（全體觸地）

我打開我的心，將愛與智見的能量，傳遞給每一個曾經令我痛苦的人，以及傳遞給那些破壞我與我所愛者生活的人。我知道，這些人曾經歷許多痛苦，他們的心已經負荷不了苦惱、憤怒與仇恨。我知道，每個承受劇苦的人，都會造成周遭人的痛苦。我知道他們可能很不幸，永遠沒有被關心與愛護的機會，生活與社會壓得他們喘不過氣。他們遭受到委屈與虐待，不曾被引導走上正念生活之道。他們累積了許多關於生命、我與我們的錯誤想法，無禮地對待我們與我們所愛的人。我祈求血脈家族與心靈家族的祖先們，將愛與保護的能量傳遞給造成我們痛苦的這些人，好讓他們的心能接收到愛的甘露，像花朵一樣綻放。我祈求他們能被轉化，去體驗生活的喜悅，這樣就不會繼續讓自己與別人痛苦。我看見他們的痛苦，因此不希望心中對他們懷有任何瞋恨與憤怒的感覺。我不希望他們痛苦。我將愛與智見的能量傳遞給他們，並請我的所有祖先幫助他們。

（三次呼吸）

（鐘聲）

（全體起立）

三觸地

I

觸地，我連接血脈家族與心靈家族兩者的祖先與後裔。

（鐘聲）

（全體觸地）

我的心靈祖先們，包括佛陀、諸菩薩、聖弟子僧眾，（插入其他你希望納入的名字），以及我自己仍存活或已去世的心靈導師們。他們活在我的心裡，因為他們已將安穩、智慧、愛與快樂的種子傳遞給我。他們喚醒我，讓我的智見與慈悲的寶藏得以開啟。當我看心靈祖先們時，我看見正念修習、智見與慈悲等修行皆已圓滿者，以及尚未圓滿者。我全都接受，因為我也看見自己心中的缺失與弱點。我知道自己的正念修習並非總是圓滿，以及我的智見與慈悲仍然不盡理想。我打開心房，接受所有的心靈後裔。有些心靈後裔受持正念修習、智見與慈悲，已獲得信心與尊敬，但也有些人遭遇許多困難，修行一直起伏不定。

同樣地，我接受父系與母系家族的一切祖先們。我接受他們的一切優點與懿行，也接受他們的所有缺點。我打開心房，接受一切血脈後裔的優點、才能與缺點。

我的心靈祖先、血脈祖先、心靈後裔與血脈後裔都是我的一部分。我即他們，他們即我。我並沒有一個獨存的自我，一切都是美好生命相續之流的一部分，它一直在流動。

（三次呼吸）

（鐘聲）

（全體起立）

II

觸地，我連接此刻與我一起生活在這個世上的所有人與所有物種。

（鐘聲）

（全體觸地）

我與光芒四射的美好生命形態是一體的。我看見自己與他人之間的緊密連結，我們如何分享快樂與痛苦。我與那些天生殘缺或因戰爭、意外、疾病而殘障者是一體的。我與那些陷入戰爭或受壓迫者是一體的。我與那些在家庭生活中找不到快樂者、無家可歸內心不得安穩者、渴求智見與愛者，以及追求與嚮往真、善、美的事物者，是一體的。我是瀕臨死亡，感到非常恐懼，不知何去何從的人。我是貧病交迫的小孩，四肢細得像竹竿一樣，並且沒有未來。我也是製造並販賣炸彈給貧窮國家的人。我是在池塘中游泳的青蛙，也是需要吃青蛙以活命的蛇。我是小鳥想吃的毛毛蟲或螞蟻，也是想吃毛毛蟲或螞蟻的小鳥。我是遭到砍伐的森林，是受到污染的河流與空氣，也是砍伐森林並污染河流與空氣的人。我在一切物種身上看見自己，也在自己身上看見一切物種。

我與了悟不生不滅的聖者是一體的，能以等捨之眼觀看生死與苦樂的形式。我與那些世間罕見的人是一體的，內心有足夠的安穩、智見與愛，能夠接觸到美好、有益與有治癒力的事物，也有能力以愛心與實際行動去擁抱世界。我是個有足夠安穩、喜悅與解脫的人，能夠給予周遭的眾生無畏與喜悅。我看見自己是不寂寞與不孤單的。地球上聖者們的愛與快樂幫助我不至於陷入絕望，幫助我以有意義的方式生活，具有真正的安穩與快樂，我在自己身上看見他們，也在他們身上看見自己。

（三次呼吸）

（鐘聲）

（全體起立）

III

觸地，我放下身見，不再執著我是這個身體，以及我的壽命是有限的。

（鐘聲）

（全體觸地）

我看見由四大元素所構成的這個身體，並非真的是我，並且我不受限於這個身體。我是心靈祖先與血脈祖先生命之流的一部分，經歷了千百年流進現在，並且還要繼續千百年流到未來。我與祖先們是一體的。我與所有人與所有物種是一體的，無論他們是安穩無畏的或是痛苦害怕的。當下這一刻，我出現在地球的每一個地方。我也出現在過去與未來。這個身體的瓦解並不會影響到我，就好像梅花掉落並不代表梅樹結束一樣。我視自己為海面上的波浪。我的本性是海水，在其他波浪身上看見自己，也在自己身上看見其他波浪。浪濤的出現與消失並不會影響海洋。我的法身與心靈生命並不受制於生與死。我看見自己在身體顯現前與瓦解後，都是存在的。即使此刻，我也能看見自己存在於這個身體以外的其他地方。七十歲或八十歲並非我的壽命。我的壽命，像葉子或佛陀的壽命一樣，是無限的。我已經放下身見，不再執著我是一個獨存於其他生命形式之外的身體。

（三次呼吸）

（鐘聲）

（全體起立）

完全放鬆

休息是治癒的先決條件。森林中的動物受傷時，會找個地方躺下來，徹底休息好幾天。牠們不會想到食物或其他東西，就只是休息，然後得到所需要的療癒。當人類被壓力擊垮時，可能會去藥局買藥，但我們不會停下來。我們並不懂得如何幫助自己。

我們的身體不斷累積壓力，飲食與生活的方式都會造成耗損。完全放鬆是身體放鬆、療癒與恢復的機會。我們放鬆身體，依序注意每個部位，傳送愛與關懷給每個細胞。

正念地呼吸，身體完全放鬆，一天至少應該在家做一次，並且可以持續二十分鐘或更久。我們可以在客廳做完全放鬆的練習，可以由一位家庭成員來領導完全放鬆的練習。年輕人可以學習如何領導全家做完全放鬆的練習。

我認為二十一世紀，學校裡應該設置一個供人完全放鬆的廳堂。如果你是學校老師，可以熟練放鬆的技巧，並邀請學生在上課前或課堂中，以坐姿或臥姿來練習。老師與學生可以一起享受正念呼吸與完全放鬆的練習，這將幫助老師們減輕壓力，並幫助學生們提升心靈層次。如果你是醫師，可以熟練放鬆技巧，幫助你的病人。如果你的病人知道正念呼吸與完全放鬆的藝術，治癒自己的能力便會提升，治療過程也會進展得更快。在國家議會中，議員們也可以練習正念呼吸與完全放鬆。有時議會中的辯論會進行到深夜，許多議員都處於壓力之下，我希望議會能放輕鬆，感覺舒適，以便做出最好的決定。這種練習並不神祕，也非宗教，而是一種科學，練習一次便足以為每個參與者帶來好的結果。練習完全放鬆非常重要。

如果你有睡眠不足的困擾，完全放鬆可以彌補。清醒地躺在床上，你可以練習完全放鬆與正念呼吸，這有時可以幫助你小睡一會兒。但即使沒睡著，這個練習還是很好，因為它可以滋養你，讓你休息。你也可以學習優美的唱頌，這非常有助於放鬆與滋養。讓自己休息是非常重要的。

當我們在團體中做完全放鬆時，可以由一個人來領導，使用以下的提示或稍作更動亦可。當你做完全放鬆時，可以預先錄音，以便於自修時跟著做。

完全放鬆的練習

平躺下來，雙手放在兩側，讓自己感覺舒服，並放鬆身體。覺知你底下的地板……以及你的身體與地板的接觸。（暫停）讓身體沉入地板中。（暫停）

覺知你的呼吸，入與出。當吸氣與吐氣時，覺知腹部的起與伏（暫停）……起……伏……起……伏。（暫停）

吸氣，將注意力放在眼睛上。吐氣，放鬆眼睛，讓眼睛沒入你的頭中……放鬆眼睛四周所有小肌肉的壓力……我們的眼睛讓我們看見形與色的天堂……讓你的眼睛休息……傳送愛與感激給你的眼睛……。（暫停）

吸氣，把注意力放在嘴上。吐氣，放鬆嘴巴。放鬆嘴部四周的壓力……你的嘴唇

是花瓣……讓微笑在嘴唇綻放……笑將放鬆你臉上數百條肌肉的壓力……感覺你的臉頰放鬆……你的下顎……你的喉嚨……。（暫停）

吸氣，把注意力放在肩膀上。吐氣，讓你的肩膀放鬆。讓肩膀沉入地板……讓一切累積的壓力流入地板……我們的肩膀背負了太多的東西……現在，在我們關心肩膀時，讓它們放鬆。（暫停）

吸氣，覺知你的手臂。吐氣，放鬆你的手臂。讓手臂沉入地板……你的上臂……你的手肘……你的下臂……你的手腕……手……手指……所有小肌肉……如果你需要，稍微移動你的手指，以便幫助肌肉放鬆。（暫停）

吸氣，把注意力放在你的心臟上。吐氣，讓心臟放鬆。（暫停）我們已經忽略心臟很久了……我們不經意地工作、吃飯以及處理焦慮與壓力……（暫停）……我們的心臟日夜不停地為我們跳動……正念與溫柔地擁抱你的心臟……安撫並照顧你的心臟。（暫停）

吸氣，把注意力放在你的腳上。吐氣，讓腳放鬆。釋放腳部所有的壓力……你的大腿……你的膝蓋……你的小腿……你的腳踝……你的腳掌……你的腳趾……你腳趾上的所有小肌肉……你可以稍微移動腳趾以幫助放鬆……傳送你的愛與關懷給你的腳趾。（暫停）

吸氣，吐氣……我的全身感覺輕盈……像浮萍漂在水上……我漫無目標……無所事事……我像雲一樣自由地飄在空中……（暫停）

（唱歌或聽音樂幾分鐘）（暫停）

重新覺知呼吸……回到你的腹部起伏。（暫停）

隨著你的呼吸，覺知你的手臂與腳……你可以稍微移動它們並伸展。（暫停）

當你覺得準備好時，慢慢坐起來。（暫停）

當你準備好時，緩緩起身。

上面的練習，可以覺察身體的任何部位：頭髮、頭皮、腦、耳朵、頸、肺、每個內臟、消化系統、骨盆，以及身體需要治療與注意的任何部位。在我們覺知各個部位與呼吸時，擁抱它，並傳送愛、感恩與關懷給它。

附錄一

八識規矩頌

唐　玄奘大師作（約西元596-664）
一行禪師譯釋

前五識頌

性境現量通三性，眼耳身三二地居；
偏行別境善十一，中二大八貪瞋痴。

前五識的所緣是性境，其認知模式是直接的，性質可能是善、惡或無記的。在二地中，只有眼識、耳識與身識在運作。五識與五遍行、五別境、十一善心所、二中隨煩惱（無慚與無愧）、八大隨煩惱以及貪、瞋、痴，一起運作。

五識同依淨色根，九緣七八好相鄰；
合三離二觀塵世，愚者難分識與根。

五識都在淨色根的基礎上運作，依賴九種、八種或七種緣。其中兩個識從一段距離外、三個識從直接的接觸去觀察塵世，因此愚者很難分辨識與根。

變相觀空唯後得，果中猶自不詮真；
圓明初發成無漏，三類分身息苦輪。

五識依賴後得智而能在顯現的諸相中觀察空性，因此即使覺悟後，五識仍無法單靠自己而觸及真實的空性。當第八識被轉化為大圓鏡智時，五識才有可能達到「無漏」的狀態。因此，三類應機示現的變化身，有助於我們止息世間的痛苦輪迴。

第六識頌

三性三量通三境，三界輪時易可知；
相應心所五十一，善惡臨時別配之。

第六識在三性（善、惡、無記）、三種認知模式（現量、比量、非量）與三種認知對象（性境、帶質境、獨影境）運作時，以及當它還在三界中輪迴時，可以輕易地被觀察到。這個識與五十一種心所一起運作，至於是善或惡，其性質則取決於時間與場合。

性界受三恆轉易，根隨信等總相連；
動身發語獨為最，引滿能招業力牽。

和第六識有關的三性、三界與三種感受，一直在轉化與變易。六個根本煩惱、二十個隨煩惱，以及十一個善心所（如信、精進等），總是連帶跟著變化。第六識構成說話與行動的主要動力，它們（引業與滿業）將決定未來總體與個別的果報。

發起初心歡喜地，俱生猶自現纏眠；
遠行地後純無漏，觀察圓明照大千。

即使行者發起菩薩初心，進入歡喜地，俱生我執（或俱生二障）依然潛伏在此識深處。只有當行者達到第七地「遠行地」後，這個識才會解脫「諸漏」。此時，第六識成為妙觀察智，照亮整個宇宙。

第七識頌

帶質有覆通情本，隨緣執我量為非；
八大偏行別境慧，貪痴我見慢相隨。

此識所緣為帶質境，性質為有覆無記，是由情而起並仗本質生。第七識總是跟隨並執取本質為我，其認知模式是錯誤的，並且與五遍行、八大隨煩惱、五別境中的慧，以及我貪、我痴、我見與我慢一起運作。

恆審思量我相隨，有情日夜鎮昏迷；
四惑八大相應起，六轉呼為染淨依。

恆常以我為所緣，細審及思量我相，此識導致有情無分日夜皆迷惘昏睡。四種惑與八大隨煩惱總是與第七識一起顯現和運作。這個識也被稱為其他六轉識染與淨的依止基礎。

極喜初心平等性，無功用行我恆摧；
如來現起他受用，十地菩薩所被機。

當行者達到第一地「極喜地」時，平等性開始展露。當他達到第八地「不動地」的無功用行時，自我的假象才會消失。此時，如來為了利益這些眾生而顯現「他受用身」（報身），十地內的所有菩薩皆因他的示現而獲益。

第八識頌

性唯無覆五偏行，界地隨他業力生；
二乘不了因迷執，由此能興論主諍。

第八識的性質是無覆無記，與五遍行一起運作。三界與九地皆取決於業力。小乘行者（包括聲聞乘與緣覺乘）因為迷惑與執著而無法了知第八識，所以對於第八識的存在依然諍論不休。

浩浩三藏不可窮，淵深七浪境為風；
受熏持種根身器，去後來先作主翁。

三藏（能藏、所藏、執藏）浩瀚不可窮盡，從藏識的深海掀起七轉識的七重波浪，它們所緣的境即是風。這個識接受熏習，持有一切種子以及身體、五根與環境（器界），最先來又最後走，是真正的主人翁。

不動地前纔捨藏，金剛道後異熟空；
大圓無垢同時發，普照十方塵剎中！

到了第八地「不動地」前，「藏」的作用才被捨棄。達到金剛道後，才再也沒有任何「異熟」（果報）。「大圓鏡智」與「無垢淨識」同時出現，光明普照十方無量無邊世界。

附錄二

五十一心所

梵文	英文	中文
sarvatraga	**5 Universals**	**五遍行**
sparsa	contact	觸
manaskara	attention	作意
vedana	feeling	受
samjna	perception	想
cetana	volition	思
viniyata	**5 Particulars**	**五別境**
chanda	intention	欲
adhimoksa	determination	勝解
smrti	mindfulness	念
samadhi	concentration	定
prajna(mati)	insight	慧
kusala11	**Wholesome**	**十一善心所**
sraddha	faith	信
hri	inner shame	慚
apatrapya	shame before others	愧
alobha	absecnce of craving	無貪
advesa	absecnce of hatred	無瞋
amoha	absence of ignorance	無痴
virya	diligence, energy	精進、勤
prasrabdhi	tranquility, ease	輕安
apramada	vigilance, energy	不放逸
upeksa	equanimity	捨、等捨
ahimsa	non-harming	不害
		一行禪師新增善心所
abhaya	non-fear	無畏
asoka	absence of anxiety	無憂
sthira	stability, solidity	穩定、堅定
maitri	loving kindness	慈
karuna	compassion	悲
mudita	joy	喜
sagauravata	humility	謙虛
sukha	happiness	樂
nirjvara	feverlessness	無熱惱
vasika	freedom/sovereignty	得自在

klesa	6 Primary Unwholesome	六根本煩惱
raga	craving, covetousness	貪
pratigha	hatred	瞋
mudhi	ignorance, confusion	痴
mana	arrogance	慢
vicikitsa	doubt, suspicion	疑
mithya-drsti	wrong view	邪見
upaklesa	**20 Secondary Unwholesome**	**二十隨煩惱**
		十小隨煩惱
krodha	anger	忿
upanaha	resentment, enmity	恨
mraksa	concealment	覆
pradasa	maliciousness	惱
irsya	jealousy	嫉
matsarya	selfishness, parsimony	慳
maya	deceitfulness, fraud	諂
sathya	guile	誑
vihimsa	desire to harm	害
mada	pride	憍
		二中隨煩惱
ahrikya	lack of inner shame	無慚
anapatrapya	lack of shame before others	無愧
		八大隨煩惱
auddhatya	restlessness	掉舉
styana	drowsiness	昏沉
sraddhya	lack of faith, unbelief	不信
pramada	laziness	放逸
kausidya	negligence	懈怠
musitasmrtita	forgetfulness	失念
viksepa	distraction	散亂
samprajna	lack of discernment	不正知
		一行禪師新增中強煩惱
bhaya	fear	恐懼、怖、畏
soka	anxiety	焦慮、憂、愁

visada	despair	絕望、闇、退屈
aniyata 4	**Indeterminate**	**四不定**
kaukrtya	regret, repentance	悔
middha	sleepiness	睡眠
vitarka	initial thought	尋
vicara	sustained thought	伺

在法國的梅村道場（Plum Village）和美國的兩個禪修中心（Deer Park Monastery和 Blue Cliff Monastery）內，出家眾與在家眾都在修習一行禪師所遵奉的正念生活。無論是個人或與家人朋友，都歡迎前來參加禪修中心所舉辦的一天或更長時間的正念修習。想知道更多的訊息，請上網 www.plumvillage.org 或與以下的單位聯絡:

Plum Village

13 M artineau
33580 Dieulivol
France
Tel: (33) 5 56 61 66 88
info@plumvillage.org

Deer Park Monastery

2499 Melru Lane
Escondido, CA 92026
USA
Tel: (1) 760 291-1003
deerpark@plumvillage.org
www.deerparkmonastery.org

Blue Cliff Monastery

3 Hotel Road
Pine Bush, NY 12566
USA
Tel: (1) 845 733-4959
www.bluecliffmonastery.org

善知識系列 JB0052

一心走路：步行在佛陀的淨土中

作者：一行禪師
譯者：賴隆彥

總編輯	張嘉芳
編輯	廖于瑄
封面設計	黃健民
業務	顏宏紋
出版	橡樹林文化 城邦文化事業股份有限公司 台北市民生東路二段141號5樓 電話：(02)25007696 傳真：(02)25001951
發行	英屬蓋曼群島家庭傳媒股份有限公司城邦分公司 台北市民生東路二段141號2樓 客服服務專線：(02)25007718；(02)25001991 24小時傳真專線：(02)25001990；(02)25001991 服務時間：週一至週五上午09:30-12:00；下午1:30-17:00 劃撥帳號：19863813；戶名：書虫股份有限公司 讀者服務信箱：service@readingclub.com.tw
香港發行所	城邦（香港）出版集團有限公司 香港灣仔駱克道193號東超商業中心1樓 電話：(852)25086231 傳真：(852)25789337 E-mail：hkcite@biznetvigator.com
馬新發行所	城邦（馬新）出版集團【Cité (M) Sdn. Bhd.】 41, Jalan Radin Anum,Bandar Baru Sri Petaling, 57000 Kuala Lumpur,Malaysia 電話：(603)90578822 傳真：(603)90576622 E-mail：cite@cite.com.my
出版	中原造像股份有限公司
	初版一刷 2008年9月 初版八刷 2022年5月 ISBN：978-986-7884-87-9 定價：280元

城邦讀書花園
www.cite.com.tw

國家圖書館出版品預行編目資料

一心走路：步行在佛陀的淨土中 / 一行禪師（Thich Nhat Hanh）著；賴隆彥譯. -- 初版. -- 臺北市：橡樹林文化, 城邦文化出版：家庭傳媒城邦分公司發行, 2008, 09

面 ； 公分. --（善知識系列；JB0052）

ISBN 978-986-7884-87-9（平裝）

1. 佛教修持

225.7 97015686